JN069595

大学生のための
実践・日本語練習帳
改訂版

安達 太郎
多田 泰紘
辻本 千鶴
野村 幸一郎　編著

和泉書院

はじめに

　2020年の世界的な新型コロナウイルス流行をきっかけとして、日本の大学教育のスタイルが大きく変わりました。大学教育の現場でZoomなどを用いたオンライン授業が急速に広がり始めたのです。それまでは教員も学生も、オンライン授業などまったく想定していませんでしたから、教える側も教わる側も手探りの状態でした。教員も学生もいろいろな場面で戸惑うこともありましたが、その中で重要な課題のひとつとして浮かび上がってきたのが、大学の教科書がオンライン授業を前提として作成されていない、という問題でした。

　「文章表現法」、「日本語表現」、「アカデミック・ライティング」、「ライティング基礎」、名前は様々ですが、日本語に関する基礎的な文章表現力や読解力、プレゼンテーション・スキルを学習する科目は、どこの大学でも1回生時の必修科目として配置されています。日本語力は大学で学びを開始するための基礎的な学力であり、4年間での学びを実りあるものにするためには絶対的に必要なものです。本書は以上のような状況をふまえ、対面授業にもオンライン授業にも対応できるような、日本語表現力習得を目的とするテキストとして開発されたものです。

　さて、このテキストは紙ベースの問題集とオンライン上の解説からできています。**スマートフォンで各章冒頭にあるQRコードを読み取ることで、それぞれの設問の解説を読むことができます。**

　最近は対面授業でも、パワーポイント等で作成したスライド資料を教室に設置された大画面モニターに映して授業をするケースがよくあります。ただ、その場合は教室を暗くしないといけなくなり、受講生は授業の内容をメモすることができなくなってしまう。結局、スライド資料をプリントアウトして紙で配布するしかなくなります。このテキストの場合、バーコードをスマートフォンで読み取れば解説を読むことができますから、紙で配布する手間が省けます。

　この点は、Zoomなどを用いたオンライン授業で使用する場合も同じです。スライド資料のデータを画面共有機能を用いてZoom上にアップし、担当教員が解説していくような授業であっても、受講生はバーコードをスマートフォンで読み取り、解説サイトを見ることであとから復習することができます。

　また、オンライン上での課題提出型の授業もあります。各大学がオンライン上に持つ学習システムにおいて、受講生が解答やレポートを提出し、それを受け取った教員が採点を行い、学習を進めていくというタイプの授業です。この場合、受講生は解説サイトを見つつ各課題に取り組み、自分の解答を担当教員に送ってください。

　このテキストは以上のような3つのタイプの授業に対応できるよう作られています。オンライン授業が本格的に導入されていけば、大学での授業スタイルも大きく変わっていくと思います。そのような時代にあってもたしかな日本語力を習得し、大学での学びを確かなものにしていただければ、私どもとしてはこれにまさる喜びはありません。

2021年3月　執筆者一同

目　次

コラム目次

第1部

日本語で考える

押しつけ上等

　大学に入ったら好きなものを自由に学べると思っていた。ところが最初の2年間は興味のないジャンルの科目が8割以上を占める教養課程。大学生になっても嫌いな科目を押しつけられるのかとうんざりした。でも、そんな科目の中でマックス・ウェーバーの『プロテスタンティズムの倫理と資本主義の精神』を読んで、社会のあり方をこういうふうに理解できるのかと目が開かれる思いがした。

　中学生の息子と話していてへえと思ったことがある。授業中に先生の話が脱線しても同級生の多くが乗ってこないそうなのだ。授業内容にかかわらないことは無駄ということか。興味がない話こそ、自分の世界を広げてくれる可能性を持っているのに。みずから閉じてしまうのはもったいない。

　子供のころは、パソコンも携帯電話もインターネットもなかった。我が家にはテレビが2台、食事をする部屋と家族全員が寝る部屋にあるだけ。そうなると家族で同じ番組を見るしかない。チャンネル権は子供優先だったが、時に父が強権を発動してニュースやドキュメンタリーを見たり、テレビを消して浪曲の録音を聞いたりする。「浪曲？　勘弁してよ」と思ったが、広沢虎造の清水次郎長伝石松金比羅代参は意外におもしろかった。

　母が見るドラマで向田邦子という脚本家に出会ったのは幸運だった。向田さんはのちに小説を書いて直木賞を取り、珠玉のエッセイを残して飛行機事故で亡くなった。『阿修羅のごとく』は中学生の時だったか。その時は大人って大変だなあという程度の感想しか持てなかったが、学生時代にシナリオ、小説、エッセイを読み漁った。

　IT革命は自分の好きなものだけを見たり聞いたりできる社会を実現した。好奇心旺盛な時期に興味があるものに浸りきれるのはうらやましい。でも、世界が深くはなっても、広くなりにくいということは意識しておいた方がいい。世界を広げてくれるのは、誰かが無理矢理に押しつけてくるものであることもあるのだ。

（安達太郎）

第 1 章　さまざまな立場から考えてみる

- -

問１　立場による意見の相違について考えてみよう。

コンビニエンスストアの終夜営業を見直す動きがあり、一部の店舗では深夜から早朝にかけて休業するところも出てきています。これについて、次の問いに答えなさい。

（１）（a）店舗の経営者、（b）店舗のアルバイト従業員、（c）フランチャイズ本部のそれぞれの立場ではどんな意見を持ちそうか、それぞれの立場に立って、考えなさい。
（２）利用客については、どんな利用客がどんな意見を持ちそうか、さまざまなケースを考えてみなさい。

問２　意見の多様性について考えてみよう。

世界経済フォーラムが毎年発表するジェンダーギャップ指数で日本は121位（2019年12月）で、Ｇ７の中で唯一の100位台です。女性の政治参画を示すひとつの指標である国会議員の男女比率についても、列国議会同盟の調査では165位となっています（2020年１月）。

女性国会議員の比率が非常に低い状況についてどのような意見があり得ると思いますか。次の問いに答えなさい。

（１）この状況は問題であるとする意見には、状況を変えるための対応をめぐって、どんな意見があると思いますか。さまざまな可能性について考えなさい。
（２）この状況は問題ない、あるいはやむをえないとする意見はどんな根拠にもとづくと思いますか。さまざまな可能性について考えなさい。

問３　客観報道を掲げる新聞報道における「視点」について考えてみよう。

山形県知事選挙が2021年１月に実施されることになりました。２期連続で無投票が続いていましたが、複数の立候補者が出ることが確実となったため次の選挙では投票が行われる見通しとなったためです。以下にあげるのは、2020年10月25日に現職知事が出馬表明したことを伝える記事（インターネット配信順）です。これを読んで、後の問いに答えなさい。なお、全国紙のうち、毎日新聞、読売新聞などでは現職知事の出馬表明に関する記事はインターネット配信されませんでした。

■東京新聞
山形県知事、４選出馬を表明　12年ぶり選挙戦の見通し
2020年10月25日 12時19分（共同通信）

　　山形県の吉村美栄子知事（69）は25日、山形市で記者会見し、来年１月７日告示、同24日投開票の知事選に４選を目指して出馬すると表明した。自民党推薦の元県議大内理加氏（57）も立候補予定で、同知事選は2009年以来、12年ぶりに選挙戦となる見通しとなった。

吉村氏は同県大江町出身。お茶の水女子大卒業後、リクルート勤務を経て行政書士となり、09年に当時の現職知事との一騎打ちを制して初当選。13、17年は無投票で再選した。現職の女性知事は他に小池百合子東京都知事のみとなっている。

■日本経済新聞（許諾番号30096684）
山形県知事が4選出馬表明、12年ぶり選挙へ
2020年10月25日　16時5分

　　山形県の吉村美栄子知事（69）は25日、任期満了に伴う2021年1月の知事選に4選を目指して出馬すると表明した。知事選には自民推薦を受けた前県議、大内理加氏（57）が出馬を表明している。過去2回は無投票だったが12年ぶりの選挙戦となる見通し。

　　吉村知事は同日、後援会関係者の集会に先立ち記者会見を開いた。公約は11月に発表するという。一方、大内氏は自民党県連の公募に応じて今春県議を辞め、少子化対策などの公約を発表している。

■朝日新聞デジタル
知事選初の女性対決へ　山形、同窓の先輩後輩が出馬表明
2020年10月25日　22時19分

　　山形県の吉村美栄子知事（69）は25日、来年1月の知事選に4期目をめざし無所属で立候補すると表明した。野党議員らが吉村氏を支援する一方、自民党県連の公募に応じた前自民県議の大内理加氏（57）がすでに名乗りを上げており、知事選では全国初となる女性対決の構図が固まった。新型コロナウイルス対策や最上川が氾濫した7月豪雨からの復興などに加え、女性の活躍を巡っても論戦が交わされそうだ。

　　山形県は、生産年齢人口（15〜64歳）の女性の有業率は全国で3番目、夫婦共働き世帯の割合は2番目に高い。一方、女性の市町村長はいない。女性議員がゼロの市町村議会は2割で、全国平均より高く、女性の政治参画が進んでいないなど課題も少なくない。

　　吉村氏は9月の県議会で、県内企業で女性管理職の割合が増え、県の審議会で女性委員が過半数を占めたと実績を強調。6分半で「女性」に21回言及して「女性の声や意見を積極的に施策に反映し、女性の活躍機会の拡大に努めた」と胸を張った。

　　一方、大内氏は、山形県は若い女性の県外流出率が全国一高い、女性の賃金が低いなどとして、「選ばれる地方になっていない」と吉村県政を批判。「県民、日本、世界から選ばれる山形県をめざすのがコロナ後のめざすべき姿だ」と訴える。

　　2人はいずれも県立山形西高校（山形市）の卒業生。同校は前身が女学校で、現在も男子生徒が一人もいない実質女子校だ。国内の女性知事は2000年に大阪府知事に就いた太田房江氏以来、これまでに7人。現職は吉村氏と小池百合子・東京都知事のみ。選挙戦になり、女性が当選した過去の知事選は全て次点候補が男性だった。

（1）山形県知事選挙の記事をインターネット配信しなかった新聞社はどのような考えを持っていると思いますか。さまざまな可能性を考えてみなさい。
（2）記事を配信した3紙を比較して、それぞれの記事の特徴について考えなさい。
　　（a）　東京新聞の記事にはどんな特徴がありますか。具体的に指摘しなさい。
　　（b）　日本経済新聞の記事にはどんな特徴がありますか。具体的に指摘しなさい。
　　（c）　朝日新聞の記事にはどんな特徴がありますか。具体的に指摘しなさい。

第1章　さまざまな立場から考えてみる

問1

(1)

(a) 店舗の経営者

(b) 店舗のアルバイト従業員

(c) フランチャイズ本部

(2)

問2

(1)

(2)

第1章 さまざまな立場から考えてみる		
問3		

(1)

(2) (a)

(b)

(c)

学生証番号	氏名

第 2 章　構成をイメージする

問1　全体的な構成をイメージしてアイデアの方向性、内容を明確にしよう。

（1）〜（3）のスピーチや文章について、どのような構成をとり、それぞれにどの程度の分量を割り振るか考えなさい。

例）入学後最初のゼミで持ち時間5分で自己紹介をする。

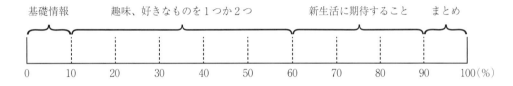

（1）基礎ゼミでおもしろいと思った本を5分で紹介するビブリオバトルをする。
（2）就活で企業に提出するエントリーシートで自分をアピールする。
（3）授業で課題として示された文献を読んでレポートを書く。

問2　テーマに対する理解を深めるための構成をイメージしてアイデアをまとめてみよう。

大阪では10年間にわたって「大阪都構想」という政治課題が議論されてきました。2回の住民投票では「反対」が多数となって大阪市の存続が決まりましたが、非常に僅差であり、大阪市民の意見が二分されてきたことが分かります。地方自治について考えを深めるために、「大阪都構想」について検討し、次のような構成を用いて自分なりのアイデアをまとめることにしたとします。

$\boxed{問題提起}$ ⇒ $\boxed{大阪の抱えていた問題と「都構想」}$ ⇒ $\boxed{基礎概念の検討}$
⇒ $\boxed{「都構想」の強みと弱みの検討}$ ⇒ $\boxed{結論}$

（1）「大阪都構想」が何を目指していたのか調べなさい。
（2）「大阪都構想」を考えるにあたって重要となる基礎概念について調べなさい。
　　（a）「都」とは何ですか。「府」「県」「道」とは何が違いますか。
　　（b）「都構想」とは何ですか。
　　（c）「特別区」とは何ですか。
　　（d）「二重行政」とは何ですか。

（3）「大阪都構想」の強みと弱みはどんなところにありますか。強みと弱みそれぞれについて箇条書きでまとめなさい。

問3　相手の主張をしっかり理解した上で反論する構成をイメージしてアイデアをまとめ
　　　ていこう。

　仙台市教育委員会は、東北大学の研究者と協力して、学力や学習環境についての調査を継続的
に行っています（「仙台市標準学力検査」「仙台市生活・学習状況調査」）。中学生約2万4千名を
対象に実施された平成25年の調査から、スマホや携帯電話が学力にどんな影響を与えているのか
を示すデータ（図1、図2）を踏まえて、| 問題提起 | ⇒ | データの読み取り | ⇒ | 調査主体の
主張 | ⇒ | 批判 | ⇒ | 結論 | という構成で意見をまとめることにします。「データの読み取り」と
「批判」に関する以下の問いに答えなさい。

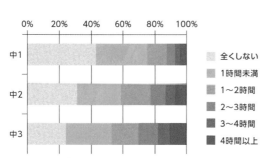

図1　平日にスマホや携帯電話を使う時間の割合

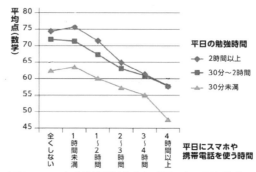

図2　スマホや携帯電話を使う時間ごとに見た数字の
　　　平均点

（出典：仙台市教育委員会　学習意欲の科学的研究に関するプロジェクト『中学生向けニュース』（2014年3月））

（1）図1は仙台市の中学生が平日にどのくらいスマホや携帯電話を使っているかを示すもので
　　す。図1からはどんなことが読み取れますか。具体的に述べなさい。

（2）図2は平日の勉強時間とスマホや携帯電話を使う時間ごとの数学の平均点を示すもので
　　す。次のポイントについて図2からはどんなことが読み取れますか。具体的に述べなさい。
　　（a）数学の平均点がもっとも高いのはどんな生徒ですか。
　　（b）スマホや携帯電話を使う時間が「全くしない」と「1時間未満」では数学の平均点は
　　　　どちらが高いですか。その理由についても考えてみなさい。
　　（c）スマホや携帯電話を使う時間が長くなると数学の平均点には全体的にどんな傾向が見
　　　　られるようになりますか。
　　（d）平日の勉強時間が2時間以上で、スマホや携帯電話を4時間以上使う生徒と、平日の
　　　　勉強時間が30分未満で、スマホなどを全くしない生徒では、どちらの方が数学の平均点
　　　　が高いですか。その理由についても考えてみなさい。

（3）この調査結果を受けて『中学生向けニュース』では、スマホや携帯電話の使用時間を1日
　　1時間までに抑えるべきという提言を行い、「それ以上は脳や心の働きを混乱させ、せっかく
　　勉強して覚えたこともすぐに忘れさせてしまうような、悪影響が見られるのかもしれません」
　　としています。これについて批判的な意見を述べることになったとします。
　　（a）調査と分析結果自体に疑問点があるという立場で批判を試みなさい。
　　（b）調査と分析結果については同意するが提言に対しては疑問があるという立場で批判を
　　　　試みなさい。

第2章 構成をイメージする

問1

(1)

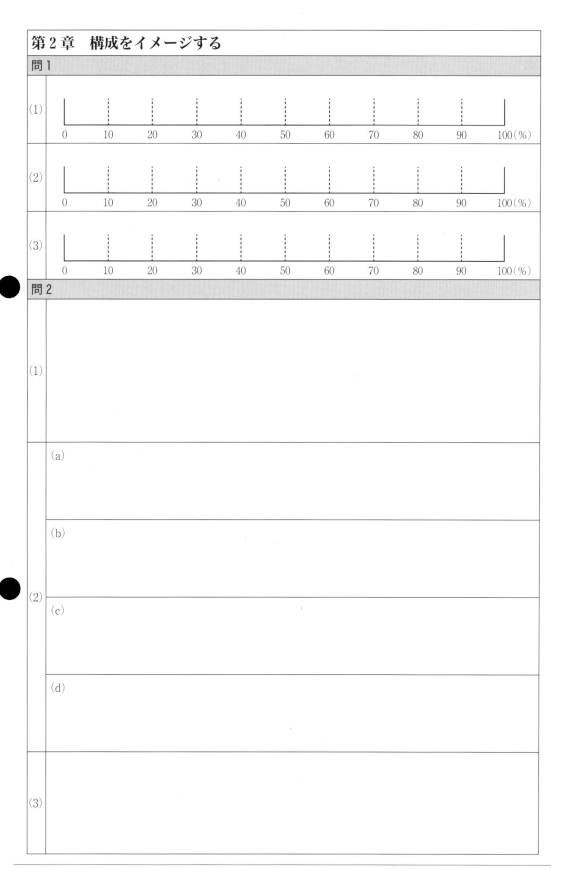

0 10 20 30 40 50 60 70 80 90 100(%)

(2)

0 10 20 30 40 50 60 70 80 90 100(%)

(3)

0 10 20 30 40 50 60 70 80 90 100(%)

問2

(1)

(2)

(a)

(b)

(c)

(d)

(3)

第2章　構成をイメージする

(1)	
(2)	(a)
	(b)
	(c)
	(d)
(3)	(a)
	(b)

学生証番号	氏名

第2部
....
日本語を話す

第**1**章　プレゼンテーションの基礎知識と準備

・・・

問1　これまで聞いたプレゼンテーションや授業、講演などの中で、最もつまらなかったものと、最も印象に残ったものを1つずつ挙げよう。そして、それぞれなぜつまらなかったのか／おもしろかったのか、理由を3つずつ考えよう。

（1）対面授業の場合→　ペアやグループで、その経験を共有しなさい。

問2　それぞれのシーンのプレゼンテーションの目的はどれだろう。該当するものを選んで、丸を付けよう。その理由も考えよう。

1．スマホ会社のCEOで、新製品を報道陣にお披露目する　　　説得 ・ 伝達 ・ 論証
2．旅行代理店の広報で、会社にパッケージ旅行を売り込む　　　説得 ・ 伝達 ・ 論証
3．考古学者で、化石の発見をテレビ出演して述べる　　　　　　説得 ・ 伝達 ・ 論証
4．新入社員で、同じチームの人に自己紹介する　　　　　　　　説得 ・ 伝達 ・ 論証
5．チャリティーオークションを主催して募金を募る　　　　　　説得 ・ 伝達 ・ 論証
6．卒業論文の成果発表会で成果を述べる　　　　　　　　　　　説得 ・ 伝達 ・ 論証

問3　準備時間3分、実施時間1分で、「今、あなたを夢中にさせているものごと」について、「説得」型のプレゼンテーションをしよう。

（1）対面授業の場合
　　2名に対してプレゼンテーションを行います。スマートフォンを用いて自分の様子を録画してもらいなさい。さらに、2名からどうすればよくなるか、2点教えてもらいなさい。

（2）オンラインの場合
　　スマートフォンを用いて自分の様子を録画して、再生し、うまくいった点・改善点をそれぞれ2点以上挙げなさい。

問4　もう一度1分間のプレゼンテーションをするとして、事前準備として20分で解答頁の表を完成させよう。

問5　もう一度プレゼンテーションをしてみよう。

（1）対面授業の場合
　　前回と同様、録画しておきます。問3でプレゼンテーションを行った2名に対して、準備シートを参考にしながら再度プレゼンテーションしなさい。どこが良くなったかを尋ね、さらに良くするにはどうしたらいいかアドバイスをもらいなさい。

（2）オンラインの場合
　　再度録画しておき、先ほどの録画と比べてよくなった点を2つ挙げてください。さらに、次への課題として改善点を1つ挙げてください。

〈発展編〉YouTubeなどの動画共有サイトへアップして、他の人に見てもらい、コメント欄でコメントをもらいなさい。その際、「ログインしてからコメント」する機能、「限定公開」の機能を使い、URLを知っている人しかコメントできないようにしてください。

世の中は「説得」にあふれている

　本章で相手を説得する形のプレゼンテーションがあるという話をしましたが、もしかしたらピンと来なかった人がいるかもしれません。「相手を説得する場面なんて、そんなに日常にあるかなぁ…」と、そう思う人がいるのもわかります。でも、相手を「説得する」＝相手の意見を納得して変えさせる、ということは実は様々なところで起こっているのではないでしょうか。

　例えば「履歴書」を考えてみましょう。志望動機欄は、雇い主に「なぜ私がこの仕事に適任なのか」ということを説得する場所です。さらに、例えばあなたが商品ホームページを作るときには、—たびたび本当は必要のないものを—買い手に買うように説得しているといえます。婚活サイトのプロフィールも、『なぜ私に会うべきなのか』を説得的に書く必要がありますし、SNSのプロフィールにもフォロワーを増やすために説得のエッセンスが必要です。なにかミスをしてしまって謝るときでさえ、我々は相手に許してもらうために「説得を試みている」といえるかもしれません。もちろん言い方・書き方はそれぞれで異なりますが、説得という共通点があるといえます。

　そのように考えていくと、他者とかかわるとき、何が説得ではないかというのを考えることが難しくなってきます。コンビニでお菓子を一つ買うときにも、我々は説得のゲームの中にいる…のかもしれません。A社のチョコレートとB社のチョコレート、そのパッケージや見た目、写真や売り文句は、どのように我々を説得しているのか、すこし立ち止まって考えてみるのは面白いエクササイズです。

　相手の意見を変えさせることに快感を覚える必要はありません。そのような人はしばしば manipulator（操り手）として忌避される場合もあります。しかし、どのようなことを言えば相手が納得するかを知り、時には自分の賛同者を増やすことも、生きていくために重要なスキルかもしれません。例えば冒頭で驚くべきことを示して注意をひいたり、データから根拠を示したり、数字を示したり、直感に働きかけるような実例を出すことは説得のいい方法です。

（千々岩宏晃）

第1章　プレゼンテーションの基礎知識と準備

問1

最もつまらなかった

いつの？　誰の？　何の話？

なぜ印象に残った？　理由は？

1.

2.

3.

(1)

最も印象に残った

いつの？　誰の？　何の話？

なぜ印象に残った？　理由は？

1.

2.

3.

問2

1．スマホ会社のCEOで、新製品を報道陣にお披露目する	説得　・　伝達　・　論証	
2．旅行代理店の広報で、会社にパッケージ旅行を売り込む	説得　・　伝達　・　論証	
3．考古学者で、化石の発見をテレビ出演して述べる	説得　・　伝達　・　論証	
4．新入社員で、同じチームの人に自己紹介する	説得　・　伝達　・　論証	
5．チャリティーオークションを主催して募金を募る	説得　・　伝達　・　論証	
6．卒業論文の成果発表会で成果を述べる	説得　・　伝達　・　論証	

問3　解答欄省略

第1章　プレゼンテーションの基礎知識と準備

テーマ：あなたを夢中にさせているものごと

単純明快で明確なアイデアや主張、テーマ、トピック

※とりあえずたくさん出してみて、話して面白そうなものを1つ選びましょう。

プレゼンテーションの目的に◯	説得・伝達・論証
プレゼンテーションを聞いた人に…	てもらう

プレゼンテーションの始め

ショッキングな事実・質問・話者の経験やエピソード

各構成で話す内容（箇条書きで）

イントロダクション

ボディ

コンクルージョン

チェック項目

□盛り込みすぎになっていないか。100集めて90捨てているか。

□目的にあった構成になっているか。

□親しみやすい話者か。

　（聴衆とやり取りがあるか、笑顔か、視線は一人一人に向いているか、声は列の最後の人にまで届くか、問いの
　あとに考える時間があるか）

私の次回の改善点は…

学生証番号	氏名

第2章 プレゼンテーションの資料準備と実践

問1　次の原稿をプレゼンテーション用のスライドに書き直してみよう。

原稿

> みなさんは自転車に乗る時、ヘルメットをかぶりますか？かぶっている人は少ないと思います。あんまり見ませんよね。でも、実はヘルメットを被らない人は、被っている人に比べて、約2.3倍も死ぬ確率が高くなるんです。

（1）対面授業の場合

　　手書きで行い、3名でグループを作り、2名と比べてみて、真似したい点、改善したほうがいい所を2点以上、話し合いなさい。

（2）オンラインの場合

　　教師が設置した共同編集可能なPowerPoint、Slideや、LMSなどで、1枚のスライドを作成しなさい。他の受講生のスライド2枚に、真似したい点、改善点を2つずつコメントしなさい。

問2　以下の手順でプレゼンテーションを行おう

（1）前回学んだことを生かしつつ、問2のスライドの中から題材を一つ選んで、3分間のスモール・プレゼンテーションの準備をしなさい。

（2）準備時間は30分間です。周囲に相談をしてもかまいません。

（3）その際、補助資料として1枚以上3枚以下のスライドを作りなさい。
　　（a）対面授業の場合は解答頁に手書きしてください。
　　（b）オンラインの場合はPowerPointやSlideなどを利用してください。

（4）準備時間が終わったら、3分間のプレゼンテーションを3回以上行いなさい。
　　（a）対面授業の場合：聴衆は2名から4名です。
　　（b）オンラインの場合：聴衆がいない場合は、2回録画して、いいものを選んでアップロードしてください。他の人のプレゼンを2人分見て、それぞれ真似したい、改善点を1点以上、コメント欄に書きなさい。

（5）最後に、2回のプレゼンテーションの授業を通して自分が苦手だと思った箇所1点、これからの課題として解答頁に記しなさい。

コラム③

「準備」の重要性は言葉に「刻印」されている

愚か者は自分の経験からしか学べないと信じているそうだが、私は自分の失敗を避けるためにも、他人の経験に学ぼうと思う。
ドイツ帝国の宰相、オットー・フォン・ビスマルク（1815–1898）

　以上は、「愚者は経験から学び、賢者は歴史から学ぶ」という格言のもとになったものです。アニメなどでもたびたび引用されるカッコいいフレーズとして皆さんもお聞きになったことがあるかもしれません。プレゼンテーションの第1章では「準備が大切だ」という話をしましたが、このような名言や慣用句などの言葉には、先人たちの生活感覚や生きる知恵が「刻印」されています。

　準備に関してもこの「刻印」が見られます。「備えあれば憂いなし」だとか「転ばぬ先の杖」、「浅い川も深く渡れ」というような、備えの大切さを説く慣用句があります。我々の祖先も、やはり準備が大切だと知っていたのです。また、英語圏に目を向けてみると、ある木こりの言葉として有名な言葉があります（アブラハム・リンカーンが言ったという説もあります）。

'If I had five minutes to chop down a tree, I'd spend the first three sharpening my axe'　もし私が木を切り倒すために5分与えられたら、私は最初の3分を斧を研ぐのに使うだろう。

　準備もせず、とりあえずやってしまうようなことがないか、考えさせられます。30分の発表であれば、1時間練習すると（リハーサルを2回すると）必ずわかりにくいところがそぎ落とされます。ほかにも、

Measure twice, cut once
　2回測定し、1度で切断せよ：木工工作の際など

という慣用句もあります。工作などで準備を適当にしてしまったが故に、台無しにしてしまった経験はありませんか？また、警察官が教わるという8 Ps（Proper police planning prevents　piss-poor police performance：警察の適切な準備は、警察の酷いパフォーマンスを防ぐ）等の面白い言い方もあります。

　準備の重要性は、言葉にすでに「刻印」され、私たちの生活の中にあるものです。私たちが愚者かどうかはさておいても、プレゼンテーションの際などには、与えられた時間の中で最大限輝けるように、入念な準備が必要だということは、間違いなさそうです。　　　　　　　　　　　　　　　　　（千々岩宏晃）

第2章　プレゼンテーションの資料準備と実践

問1　原稿からのスライドの書き直し

問2（1）　プレゼンテーション準備シート

単純明快で明白なアイデアや主張、テーマ、トピック

※とりあえずたくさん出してみて、話して面白そうなものを1つ選びましょう。

プレゼンテーションの目的に◯	説得・伝達・論証
プレゼンテーションを聞いた人に…	
	てもらう

プレゼンテーションの始め
ショッキングな事実・質問・話者の経験やエピソード

第2章　プレゼンテーションの資料準備と実践

各構成で話す内容（箇条書きで）

イントロダクション

ボディ

コンクルージョン

チェック項目

□盛り込みすぎになっていないか。100集めて90捨てているか。

□目的にあった構成になっているか。

□親しみやすい話者か。

　（聴衆とやり取りがあるか、笑顔か、視線は一人一人に向いているか、声は列の最後の人にまで届くか、問いの
　あとに考える時間があるか）

問2（2）　解答欄省略
問2（3）　スライド準備シート

□メインの文字は大きいか（パソコン上なら40pt以上・手書きなら6行以内）

□下線・太字・色・背景色でわかりやすく

□箇条書き等で、文字を減らす

第2章　プレゼンテーションの資料準備と実践

問2（4）　解答欄省略
問2（5）

プレゼンテーションにおける私の課題は…

学生証番号	氏名

コラム④

コミュニケーション能力ってなんだろう？

　日本経済団体連合会が行った調査によると、採用の際に志望者のコミュニケーション能力を重視すると回答した企業は8割に上るそうだ（「新卒採用に関するアンケート調査結果」2018年）。さらに、コミュニケーション能力は、なんと16年連続で企業が最も重視する能力の第1位の座をキープし続けているのだ。

　さて、多くの企業が求めるコミュニケーション能力とはどのようなものなのだろうか？

　最近は「コミュ力」という言葉をよく耳にする。おそらく、みなさんも「私はコミュ力がない」とか「彼はコミュ力がある」というような会話をしたことがあるのではないだろうか。しかし、企業が求める"コミュ力"とみなさんが普段意識している「コミュ力」は、全く異なる能力なのである。

　同世代間でのやりとりでは、豊富な話題を持っていたり、面白いリアクションがとれたり、また、人見知りせず誰とでもフランクに接する人物を指して「コミュ力」が高いと評価する。日常生活のコミュニケーションでは、われわれは様々な感情を共有しながら人間関係を築いている。「コミュ力」の高さとは、気持ちの共有を円滑にし、人間関係の和を保つ力とでもいえるだろう。

　しかし、企業が求める"コミュ力"とは、あくまでもビジネスシーンで通用する力であるということに注意する必要がある。ビジネスシーンで通用する"コミュ力"とは、自らの考えや情報を、説得力をもって論理的に相手に伝えることのできる力に外ならないのだ。

　面接を例にとろう。ここで求められる"コミュ力"とは、質問の意図を正確に理解し、そして論理的に自分の考えを述べることで、あなたという人間の魅力を説得力をもって伝える、ということだ。さらに、声のトーンや大きさ、服装、姿勢、表情なども重視されるだろう。これらは、非言語コミュニケーションといって、言葉を使わないコミュニケーションなのである。非言語コミュニケーションもまた、あなたという人を雄弁に物語るものであることを記憶に留めよう。

　面接は、あなたと担当官とのコミュニケーションの場だ。そして、面接担当官はあなたの将来の上司となる人物でもある。「一緒に働きたい」と思ってもらえるような"コミュ力"をぜひ身につけていって欲しい。

（権藤愛順）

第3章　グループ面接

問1　グループ面接の基礎を確認しよう。

　グループ面接について書かれた次の文章のうち、正しい内容のものには○、そうでないものには×をつけなさい。

（1）グループ面接は主に一次面接で行われる。
（2）グループ面接ではグループディスカッションを行うことがある。
（3）グループ面接においては、他の応募者と同じ意見を述べてはいけない。
（4）グループ面接で必ず質問されるのは、自己紹介と自己PRである。
（5）グループ面接の段階では、身だしなみや敬語などの社会人としてのマナーについて面接官がチェックすることはない。
（6）グループ面接では、1人あたりの持ち時間は十分にあるので時間をかけて自己アピールをする。
（7）他の応募者はライバルでもあるので、優位に立たなければならない。

問2　実際のグループ面接をイメージして答えてみよう。

（1）あなたの挫折体験を150字で述べなさい。
（2）社会の中で発揮できる自らの強みを150字で述べなさい。

コラム⑤

なぜ私たちは英語が話せないのか？（1）

　中学校、高校あわせて6年も勉強した、大学受験の時は必死に英語を勉強した、でも、英語が話せない。そう思っている人は世間には多いと思う。実は僕もそのひとりだ。海外に旅行に行ったり、仕事で行くことも時々あるが、なぜかここぞというところで英語が出てこない。フレーズが今の場面に合ってないんじゃないかとか、発音がおかしいのではないかとか、いろいろな不安が頭をよぎり、いざとなると英語が口から出てこないのだ。

　僕が、あるいは僕らが抱える英語コンプレックスの原因はどこにあるのか？前々から不思議で仕方がなかった。そこで、日本人が英語を話せない理由について、あれこれ調べてみたわけだが、そうすると、日本語の問題、英語の問題、日本の英語教育の問題、いろいろ興味深い問題が見えてきたので、少しここで紹介してみたい。

　まず第一は日本語の発音の問題である。たとえば「real」という英語をカタカナで表記すると「リアル」となる。あるいは「free」をカタカナで表記してしまうと、「フリー」となる。ここから私たちが日頃、R音とL音、H音とF音を区別して発音をしていないことに気づく。だから「real」を「リアル」とラ行の日本語で表記し、発音してしまう。この発音をネイティブが聞くと、最初の「r」も最後の「l」も「r」か「l」か聞き取れなくなってしまう。言うまでもないことかもしれないが、R音は巻き舌で、L音は舌先を前歯の裏側につけて発音する。

　子音の発音も日本人には難しい。日本語の場合、子音が単独で発音されることはない。かならず、子音は母音とくっついて発音される。たとえば、「plays」を私たちは「プレイス」と発音するが、最後の「s」の音を日本人が発音すると「ス」つまり「su」になってしまう。

　カタカナ言葉も日本人の発音を決定的にダメにしてしまっている。「チョコレート」や「トラベル」は英語ではない。これは実は日本語である。ネイティブ・スピーカーが発音すると「チョコレート」は「チョクレット」、「トラベル」は「チョラボウ」となる。私たちは日本のことを「ジャパン」と言うが、ネイティブ・スピーカーの発音を聞くと、「ジャペン」あるいは「ジョペン」と発音しているように聞こえる。ひょっとしたら、私たちは「ジャパニーズ」ではなく「ジョペニーズ」なのかもしれないのだ。私たちはカタカナに耳が慣れてしまい、正しい英語の発音ができなくなってしまっているのである。　　　　（野村幸一郎）

第3章　グループ面接

問1

(1)（　　　）(2)（　　　）(3)（　　　）(4)（　　　）(5)（　　　）

(6)（　　　）(7)（　　　）

問2

(1)

（空欄の原稿用紙）

(2)

（空欄の原稿用紙）

学生証番号	氏名

なぜ私たちは英語が話せないのか？（２）

　次に英語の側からこの問題について考えてみると、文法を覚え、単語を組み合わせるだけでは、会話文にはならないことが、日本人にとって英会話を難しくしているように思える。有名なのは「It's a piece of cake」。文法を勉強し単語を覚えるだけでは、この文章が「そんなの簡単さ」と言っているとは、とても気づくことはできない。他の言語にもこのような暗喩的というか象徴的というか、イマージナリーというか、とにかく表面的な意味とは別の意味を指すケースが、あるとは思うが、英語の場合、とくに多い（あるいは、ひどい）。「That takes a cake」の意味は「最低」だし（「あれがケーキを獲得する」でなんで「最低」になるのかさっぱりわからない）、「Don't I know it.」に到っては「知ってるよ」という意味である（日本人から見れば、まるで反対ではないかと感じる）。とにかく英語はこんな寓意的な言い回しがやたらと多い。

　日本における英語の学習環境にも問題はあると思う。町の本屋さんで英会話の本を見てみると、とにかく「英語なんて簡単さ、この本で勉強すればすぐにペラペラ」というような雰囲気の本がやたらと目につく。１週間でペラペラとか、これ１冊で大丈夫、などなど、とにかく英会話のテキストはどの本にも、「この本を使えば簡単に英語はマスターできる」というようなコピーやキャッチフレーズが踊っている。しかし、このようなキャッチフレーズは大体嘘で、本当に１週間でペラペラになることもなければ、たった１冊の英会話の入門書を勉強しただけで、ネイティブ並みの英語力が身につくわけでもない。ようは本を売りたいから、さも簡単に英会話がマスターできるかのような幻想を撒き散らかしているだけで、実際には外国語をひとつマスターするためには2000時間の学習時間が必要だと言われている。2000時間と言えば、毎日１時間机に向かって勉強したとしても、６年はかかることになる。結局の所、「ホイホイ」「ペラペラ」「スイスイ」をキャッチフレーズにする英会話の参考書は英語学習の挫折者を大量生産しているにすぎない、そう断言できる。なぜなら、かく言う僕も、その中のひとりだからである。

（野村幸一郎）

第**4**章　個人面接

> **問1　面接当日の流れを確認しよう。**

（1）面接会場に到着したら、まずは受付で手続きをします。受付での挨拶はどのようにすると良いでしょうか。挨拶文を考えなさい。

（2）次の空欄を埋めるのに、ふさわしい選択肢を下記から選びなさい。

　　　面接室に入室する際は、ドアを（①）回ノックし、「どうぞ」と言われたら入室する。部屋に入ったあと、ドアは（②）。
　　　①2　②3　③4　④後ろ手で閉める　⑤ドアの方を向いて閉める　⑥開けたままにする。

（3）面接官はどのような資料をもとに面接を行いますか？　下記の中から2つ選びなさい。
　　　①成績表　②エントリーシート　③健康診断書　④小論文　⑤履歴書

（4）面接の最後には、面接官から応募者に対して「何か質問はありますか？」と尋ねられる場合があります。その際、避けるべき質問を下記の中から選びなさい（複数解答可）
　　　①入社後に必要なスキルや知識　②自分に求められる役割　③企業理念　④福利厚生について　⑤今後の事業展開について　⑥給与について　⑦評価制度　⑧残業について

（5）面接終了から退室までの流れを書いた下記の文には誤りがあります。正しく書き改めなさい。

　　　面接が終わったら、すぐに椅子の前で起立し一礼をする。その後、すみやかに部屋を出る。

> **問2　次の文章を読み、面接担当官が応募者に対して評価のポイントとするものには〇、そうでないものには×をつけてみよう。**

①　面接が進むにしたがって人の印象は変わるので、第一印象は重要ではない。
②　面接官から質問されたことには、その場で思うがままに素直に答えた方が印象が良い。
③　話し方、言葉使い、表情、服装、聞く態度は全て自己表現の一環である。
④　面接では面接官に対して「一緒に働くイメージ」を抱かせなければならない。
⑤　企業の業務内容は、入社してから研修があるので詳しく知っておく必要はない。

> **問3　面接をイメージして答えてみよう。**

（1）300字で自己アピールをしなさい。
（2）300字で自らの短所を述べなさい。

なぜ私たちは英語が話せないのか？（３）

　じゃあ、私たちはどうすればいいのだろうか？　一番安易な方法はグーグル翻訳やポケトークを活用することなんだろうが、それでは芸がないのでもう少しこの問題について掘り下げてきたい。以下はまったくの個人的な意見なのだが僕は、アメリカに渡り大リーグで活躍する日本人選手の英会話習得術がヒントになるような気がしている。テレビを見ていたら、ある日本人選手は、生活するだけならば、だいたい50くらいのフレーズを覚えればなんとかなる、というようなことを言っていた。買い物や食事、タクシーの利用だけならば、それくらいでどうにかなるそうである。しかし、彼らは野球をしに渡米しているのだから、生活のための英語とは別に野球をするための英語を勉強しないといけない。ある選手はいつもポケットにICレコーダーを入れておいて、チームメイトが野球の話が始めると録音ボタンを押し、家に帰って繰り返し聞き「ベースボール・イングリッシュ」をマスターしたそうである。このエピソードは英語に苦しむ私たちに、打開の道筋を示してくれるような気がする。つまり、英語を話すことができるようになるためには、まず、なんのために英語を話す必要があるのか、目的を明確にしておく必要がある、ということだ。アメリカで生活し、野球をする。これがその日本人大リーガーが英会話を学ぶ目的だった。だから、生活のためのフレーズと「ベースボール・イングリッシュ」を勉強すれば充分だったわけである。これを言い換えれば、目標をはっきりさせることで、どのような英語を学ぶのか学習の範囲をかなり狭めることができる、結果的に自分に必要とされる英語だけを学習することになり、英会話習得のハードルが下がる、ということになる。魚屋さんになるのならば、野菜の名前まで英語で言えるようにならなくてもよいのだ。とするならば、今の段階でとりあえずマスターしておかなければならないのは、（50かどうかはともかく）生活していくために必要とされるフレーズだということになるだろう。それ以上の英語は、将来どういう職業につくかによって変わってくる。魚屋さんになる人は魚の名前を英語で言う必要が生じるだろうし、八百屋さんになる人は、野菜の名前を英語で言う必要が生じてくるだろう。いずれにせよ、将来の進路がある程度定まってくることで、何のために英語を話すのか見えてくる。その時に英語学習も次のステップに進むことができるのではないか。英語学習挫折者の僕はそんなふうに考えている。

（野村幸一郎）

第4章　個人面接

問1

(1)

(2) ① （　　　　） ② （　　　　）

(3) （　　　　） （　　　　）

(4)

(5)

問2

① （　　　　） ② （　　　　） ③ （　　　　） ④ （　　　　） ⑤ （　　　　）

問3（1）

100

200

300

第4章　個人面接

問3（2）

100

200

300

学生証番号	氏名

第3部

日本語を書く

第 *1* 章　文章作成上の注意

> **問1　文章作成上のさまざまなルールを学習しよう。**

（1）次の文章を 3 つの文に分けて書き換えてみなさい。

　　近年、日本ではグローバル化が急速に進行し、現在では人種を超えてあらゆる人々が共生する社会が形成されつつある反面、いまだそのような現実を受け容れることができない人々も一定数、存在することは否定できない。

（2）次の文章の①から⑫の中で読点（、）が必要と思われる箇所を 4 つ選びなさい。

　　私は①今朝②関西国際空港に③着いたのだが④入国ゲートに並ぶ外国人観光客⑤の多くは⑥アジアの人々であった⑦私はその⑧あまりの⑨多さに⑩驚く⑪とともに⑫やがて日本は多民族国家になるかもしれないという予感を抱いた。

（3）次の①から⑧に入れるのに適当なカギ括弧をそれぞれ選択肢 a 〜 d の中から選びなさい。

　　ある論文は夏目漱石が①こころ②で語った③明治の精神④について、⑤漱石の言う⑥明治の精神⑦は国家に自我を超越する価値を認めた明治人の心性を意味している⑧と論じている。

　　選択肢　　a「　　　　　　b 」　　　　　c『　　　　　d 』

（4）次の文章の①から④から改行すべき箇所をふたつ選びなさい。

　　私の出身地は和歌山県勝浦市で、実家の目の前には海が広がっている。①世界遺産に登録されてからは外国人観光客がたくさん来るようになった。②最近とくに注目を浴びているのは、伊勢神宮から和歌山へと至る西国三十三カ所の巡礼ルートである。③峠道を登り切ったところに広がる太平洋を見たときの感動は忘れられないと、多くの人々が口々にすばらしさを語っている。④巡礼とは感動を求める旅なのかもしれない。その感動が人々をさまざまな悲しみや苦しみから解放するのである。

（5）次の①②の文章について、それぞれ主語と述語を答えなさい。その上でそれぞれの文章を 3 つの文に分けて書き直してみなさい。

　　①　その日、風邪を引いてしまった広瀬さんは、病院で医師から「家で行ゆっくりしなさい」と言われていたが、その日は工藤さんとの大切な打ち合わせだったので、無理をして出かけた。

　　②　1 ヶ月前、鈴木さんと台湾に行ったとき、士林夜市でたくさんのお客が集まる屋台を見つけた山田君は、自分も並んでみようと思ったが、鈴木さんが「もう遅いよ」と言うので、諦めて帰った。

（6）次の①から⑤の文章を読み、それぞれふさわしくない表記を探して訂正しなさい。なお、①から④は 1 カ所、⑤は 2 カ所、誤りが含まれています。

　　①　これからの世界がよりよいものになる為には、多文化共生の理念を人々が共有してい

く必要がある。

② 出来心で盗みを働いたその男は、警察官に改心することが出来るかどうか繰り返し問われた。

③ 世界的なウイルスの蔓延の結果、whoには従来以上の役割が求められるようになった。

④ 明治の文豪、森鴎外は近代日本の代表な文豪の一人と言われているが、大學では医学を専攻していた。

⑤ 従来、其の論文は高く評価されてきた。然し近年では批判にさらされることがしばしばある。

問2　問1で学習した文章作成上の注意点に留意しながら、「日本の国際化」をテーマに400以内で作文をしよう。

第1章 文章作成上の注意

問1

(1)	
(2)	（　　　）（　　　）（　　　）（　　　）
(3)	① （　　　） ② （　　　） ③ （　　　） ④ （　　　） ⑤ （　　　） ⑥ （　　　） ⑦ （　　　） ⑧ （　　　）
(4)	（　　　）（　　　）
(5)①	主語 （　　　　　　　　　　　　　　　　　　　） 述語 （　　　）
(5)②	主語 （　　　　　　　　　　　　　　　　　　　） 述語 （　　　）
(6)	① 誤 （　　　　） →正 （　　　　） ② 誤 （　　　　） →正 （　　　　） ③ 誤 （　　　　） →正 （　　　　） ④ 誤 （　　　　） →正 （　　　　） ⑤ 誤 （　　　　） →正 （　　　　） 　　誤 （　　　　） →正 （　　　　）

第1章　文章作成上の注意

問2

第2章 レトリック

問1　レトリックを分類しよう。

次のレトリック①〜⑫を使っているのは、下の（a）〜（l）のどれか。記号で答えなさい。

① 直喩（明喩、シミリー）
「〜のよう」「〜みたい」「〜のごとく」などの言葉（標識）を伴って類似点を明示する比喩。「あたかも」「まるで」のような副詞を伴うこともある。

② 隠喩（暗喩、メタファー）
類似性に基づく比喩。「台風の目」のように形態の類似性を基盤にしたもの、「人生は旅である」のように広く浸透している概念メタファーなど幅広い。

③ 擬人法（隠喩の一種）
人間以外のものを人間に見立てて表現する比喩。

④ 倒置法
通常の語順を逆転させる表現法。前置、後置のどちらに力点が置かれるかは文脈によって判断する。

⑤ 誇張法
事実以上に大げさな表現をして強調したり、おかしみを感じさせたりする方法。

⑥ 対句法
構文を同じにして意味のコントラストを強調する表現法。対照的な意味合いが互いを際立たせる。

⑦ 反復法（詩歌ではリフレーンと呼ぶ）
繰り返しによってリズムをつくったり、強調したりする表現法。

⑧ 省略法
文脈から復元できる要素を省略し、余韻を生む表現法。「……」などの記号に置き換えられることもある。

⑨ 声喩（オノマトペ）
音が表す意味に工夫をこらす表現法。音を言葉で表現するものを擬音語（擬声語）、状態を言葉で表現するものを擬態語と呼ぶ。

⑩ 押韻（声喩の一種　韻を踏むこと）
類似した音をそろえることでリズムをつくる表現法。最初の音をそろえる頭韻や、末尾の音をそろえる脚韻がある。

⑪ 掛詞（声喩の一種）
ひとつの言葉に二つ以上の意味を持たせた表現法。洒落や地口と呼ばれる言葉遊びも含まれる。

⑫ パロディー
有名な文章やフレーズを換骨奪胎して、批判やおかしみを表現する方法。

（a）すると今度は、耳元で風がささやいた。

（b）思い知らせてやれ。自分のしたことの恐ろしさを。

(c)　まわれ、まわれ、コマよ、まわれ。

(d)　和食はひき算、洋食はたし算（味の素）

(e)　明日この世が消滅するとしても、私は撮り続けるでしょう。

(f)　レモンのような爽やかな香りがたちこめている。

(g)　大会を目指して、あんなにがんばっていたのに、中止だと知ったら。

(h)　その時、彼女の顔に浮かんだのは、氷の微笑だった。

(i)　「吾輩も猫である」（野上豊一郎）

(j)　インテル、入ってる？（インテル）

(k)　ICOCA（IC カードの名前）

(l)　チンという電子音が出来上がりを知らせている。

問2　オノマトペを考えてみよう。

（1）次の（a）～（e）に入る適当な声喩（オノマトペ）を考えて答えなさい。
　　①　試験中の教室は（　a　）というペンの音だけしかしない。
　　②　自転車が風にあおられ、（　b　）と音を立てて倒れた。
　　③　抵抗する子犬が（　c　）と引きずられて行く。
　　④　太陽が（　d　）輝く朝だが、寝不足の頭が（　e　）と痛む。

（2）次の庄内米のテレビCM（食協 TV）について、押韻を効果的にするためには「米」をどのように読めばよいか答えなさい。
　　米　米　米　米　うまい　庄内米

問3　「換喩」の解説を読んで、設問に答えよう。

「換喩」とは、対象を属性や隣接関係に基づいて置き換えるレトリックである。
　たとえば、「赤いランドセルが歌いながら走って行った。」という文において、「赤いランドセル」は「赤いランドセルを背負った、小学生」の換喩である。

（1）次は、芥川龍之介「羅生門」の冒頭部である。「換喩」が使われている部分に下線を引いて示しなさい。
　　ある日の暮方の事である。一人の下人が、羅生門の下で雨やみを待っていた。
　　広い門の下には、この男のほかに誰もいない。ただ、所々丹塗の剝げた、大きな円柱に、蟋蟀が一匹とまっている。羅生門が、朱雀大路にある以上は、この男のほかにも、雨やみをする市女笠や揉烏帽子が、もう二三人はありそうなものである。それが、この男のほかには誰もいない。

（2）下線部は何の「換喩」か答えなさい。
　　①　お風呂がわいた。
　　②　鷗外を読みたいと思う。
　　③　霞が関の思い付きそうなことだ。

第2章　レトリック

問1

(1)　① (　　　　) ② (　　　　) ③ (　　　　) ④ (　　　　) ⑤ (　　　　) ⑥ (　　　　)

　　⑦ (　　　　) ⑧ (　　　　) ⑨ (　　　　) ⑩ (　　　　) ⑪ (　　　　) ⑫ (　　　　)

問2

(1)　a (　　　　　　　　) b (　　　　　　　　) c (　　　　　　　　)

　　d (　　　　　　　　) e (　　　　　　　　)

(2)　(　　　　　　　　)

問3

(1)　　ある日の暮方の事である。一人の下人が、羅生門の下で雨やみを待っていた。

　　　広い門の下には、この男のほかに誰もいない。ただ、所々丹塗の剝げた、大きな円柱に、蟋蟀が一匹とまっている。羅生門が、朱雀大路にある以上は、この男のほかにも、雨やみをする市女笠や揉烏帽子が、もう二三人はありそうなものである。それが、この男のほかには誰もいない。

(2)　① (　　　　　　　　　　　　　) ② (　　　　　　　　　　　　　)

　　③ (　　　　　　　　　　　　　)

【留意点など】

問1⑩　パソコンに、インテルのcpuという処理装置が入っているかと尋ねているCMである。

「テル／てる」の脚韻に加え、inと入るの意味の重なり（広義の掛詞）がある。英語ではIntel Insideと「頭韻」を踏む。

⑪　「ICOCA」はIC Operating Cardの頭文字であると同時に、JR西日本発行のため関西弁の「行こか」（行こうか）という意味を併せ持つ。

※受講生が採集してきた例文をクラスで共有し、どんなレトリックが使われているか、どのような効果が生じるかについて考えさせてみよう。

学生証番号	氏名

書簡集を読んでみよう　手紙って面白い

　他人の手紙を覗くのは余りいい趣味ではないけれど、書簡集としてまとめられたものには、それだけの魅力がある。本来公開されていないという点は日記と似ているが、手紙は特定の相手に向けて書かれたものなので、差出人と受取人との関係にも興味を惹かれる。ただ残念なことに手軽に読める書簡集は少なく、図書館で全集の中から書簡篇を探すというような手間がいる。

　その意味では岩波文庫『漱石書簡集』（三好行雄編）はお薦めである。電子書籍でも読むことができる。1889年から97年までは、ほとんどが正岡子規に送った手紙。子規の健康の優れないことを心配し、自分が家族と折り合いの悪いことを愚痴り、教師をやめたいとこぼしている。1889年の漱石は22歳だから、皆さんと変わらない年齢なのだ。まぶしいくらいの友情。しかし漱石が留学してロンドンにいる間に子規は死んでしまう。

　最晩年の漱石が、最後の弟子・芥川龍之介と久米正雄（当時24歳）に宛てた手紙もいい。

　　　勉強をしますか。何か書きますか。君方は新時代の作家になるつもりでしょう。僕もそのつもりであなた方の将来を見ています。どうぞ偉くなって下さい。しかしむやみにあせってはいけません。ただ牛のように図々しく進んでいくのが大事です。文壇にもっと心持の好い愉快な空気を輸入したいと思います。

　手紙はこう結ばれる。

　　　私はこんな長い手紙をただ書くのです。（略）日は長いのです。四方は蟬の声で埋っています。以上

　これは1916年8月21日付の手紙である。読む私たちの耳に、蟬の声と漱石の肉声が聞こえてくる。漱石はその12月に亡くなった。『漱石書簡集』を読むと、文学史で名前だけ暗記した人たちがぐっと身近になるに違いない。そう言えば、漱石の『こころ』の半分は遺書の形をとった「先生からの手紙」である。漱石は手紙の面白さを知り尽くしていたようだ。手紙の形式を生かした書簡体小説には、他にどんなものがあるだろう。ぜひ探して読んでみてほしい。

　　　　　　　　　　　　　　　　　　　　　　　　　　　　（古澤夕起子）

第 *3* 章　手紙を書く

　私達が日常的に連絡をとるツールとしてはメールやSNSが主流である。しかし、目上の方に対する手紙などは、メールを使うと失礼な感じを与えることもある。

　特に礼状はできれば自筆で縦書きにし、タイミングを逃さずに出したい。基本的な手紙の約束事を学べば、手紙を書くことへの抵抗感はやわらぐのではないかと思う。

問1　手紙の約束事を学ぼう。

（1）手紙は次の4つの部分から成り立っている。①〜④に当てはまる部分を、文例の行数字によって、○〜○の形で答えなさい。

　　　① 前文（はじめの挨拶）　　　「頭語」と時候の挨拶、安否の確認
　　　② 主文（主な用件）　　　　　「さて」「このたびは」などと書き始める
　　　③ 末文（結びの挨拶）　　　　結びの挨拶と「結語」
　　　④ 後付け（日付、差出人、宛名）

文例　高校の担任への近況報告

頭語
1　拝啓　御地ではそろそろ紅葉の便りも聞かれるころでしょう。
2　夏目先生におかれましてはますますご健勝のことと存じます。
3　さて、在学中はご指導いただきましてことにありがとうござい
4　ました。おかげさまで第一志望の大学に合格することができました。
5　前期は慣れないオンライン授業で不安な気持ちにもなりましたが、
6　後期になって、ようやく対面授業が始まり、友だちもできました。
7　京都のカフェめぐりをしたりして、大学生らしい生活を満喫して
8　おります。少し余裕ができたので、近況報告の筆を執っております。
9　また近いうちにお目にかかれることを心待ちにしております。
10　朝夕は冷え込むようになりました。どうぞご自愛ください。

結語
敬　具

11　十月二十七日

12　夏目金之助先生

13　　樋口　奈津

（2）次の「頭語」①〜④は、どの「結語」とセットになるか、記号で答えなさい。
　　（2回使ってもよい。）
　　　① 一般的な手紙　　拝啓　（一筆申し上げます）
　　　② 改まった手紙　　謹啓　（謹んで申し上げます）
　　　③ 親しい相手への手紙で前文を略す場合　　前略　（前略ごめんください）
　　　④ 相手からの手紙に対する返信　　拝復　（お手紙ありがとうございました）
　　　　　（a） 謹白　　　（b） 草々　　　（c） 敬具

（3）次の時候の挨拶①〜⑫は何月にふさわしいか答えなさい。
　　　① お健やかに新年をお迎えのことと存じます。
　　　② 風薫るさわやかな季節となりました。
　　　③ 暦の上では秋を迎え、暑さも落ち着いてきたようです。
　　　④ 日増しに秋も深まってまいりました。
　　　⑤ 春暖の候となりました。
　　　⑥ 師走に入り、なにかと気ぜわしいころとなりました。
　　　⑦ 御地では、そろそろ紅葉の便りも聞こえる頃かと存じます。
　　　⑧ 雨にぬれる紫陽花が美しいころとなりました。
　　　⑨ 朝夕ようやく、しのぎやすい気候になりました。
　　　⑩ 梅雨明けの夏空がまぶしい季節を迎えました。
　　　⑪ 陽春の候、皆様にはご健勝にお過ごしのことと存じます。
　　　⑫ 余寒厳しいこのごろですが、お変わりなくお過ごしのことと存じます。

（4）手紙の表書きに書く敬称を漢字で答えなさい。
　　　① 個人につける、一般的な敬称　　　　　【例】石川　節子（　　　　）
　　　② 自分が卒業した学校の教師に　　　　　【例】○○中学校　夏目金之助（　　　　）
　　　③ 団体に所属する人全員に　　　　　　　【例】△△高校保護者（　　　　）
　　　④ 組織、特定の部署に　　　　　　　　　【例】○○プレゼント係（　　　　）

　　問2　手紙を書いてみよう。

（1）文例を参考に、宛先人と自分との関係（架空のものでもよい）を記して、近況報告を書こ
　　う。手紙の約束事を踏まえて、縦書きで書くこと。
（2）解答欄の封筒の宛名面に、相手の住所、氏名、切手の貼り付け位置を、裏面に、自分の住
　　所、氏名を書き込みなさい。

問 1

(1) ① (　　　　) ② (　　　　) ③ (　　　　) ④ (　　　　)

(2) ① (　　　　) ② (　　　　) ③ (　　　　) ④ (　　　　)

(3)
① (　　　　) ② (　　　　) ③ (　　　　) ④ (　　　　) ⑤ (　　　　) ⑥ (　　　　)
⑦ (　　　　) ⑧ (　　　　) ⑨ (　　　　) ⑩ (　　　　) ⑪ (　　　　) ⑫ (　　　　)

(4) ① (　　　　　　　) ② (　　　　　　　) ③ (　　　　　　　) ④ (　　　　　　　)

問 2

(1)

宛先人と自分との関係

第3章　手紙を書く

（2）

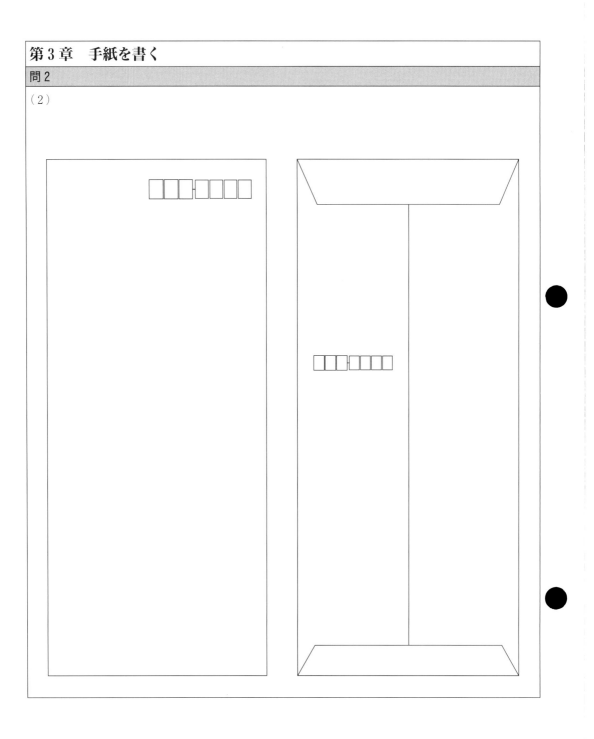

学生証番号	氏名

参　考

①郵便番号　　枠の中にきちんと書く
②住所　　　　郵便番号の枠を目安にするおよそ右の 4 つの幅におさめる
③宛名　　　　住所よりやや大きい字で書く
④敬称　　　　「殿」は使わない
⑤差出人　　　切手の幅におさめる／名前は住所よりやや大きい字で書く

リュウグウからの玉手箱

　コロナウイルスの感染拡大が止まらない中、「はやぶさ2」から地球に送られたカプセルの回収は明るいニュースだった。はやぶさ2が目指した小惑星は、公募によって「リュウグウ」と名付けられ、採取したサンプルを入れたカプセルは「玉手箱」と呼ばれていた。

　これが仮に「C型小惑星1999 JU3を目指す小惑星探査機は、2014年12月、H-ⅡAロケット26号機に搭載されて打ち上げられた。2020年12月、探査機が小惑星から採取したサンプルを入れたカプセルが回収された。」と報じられたとしたら、印象はどうだろうか。昔話に由来する名づけによって一連の探査が物語化され、私たちに親しみのある出来事として感じられたことがわかるだろう。

　2015年から始まった携帯電話のCMにも、「三太郎」として浦島太郎、桃太郎、金太郎が登場しているが、乙ちゃんやかぐや姫、鬼ちゃん、その他もろもろが動員されるに至って少し心配な気もして来た。そもそもこの三人の太郎は物語としての出自が三様で、一番由緒正しそうな浦ちゃんは『日本書紀』478年の項に「浦島子」として登場し、「浦島太郎」になったのは室町時代の頃だと言われている。お姫様だった亀は竜宮への乗り物に変わり、竜宮でのおもてなしの中身も様々に変化した。しかし浦島の話で一番腑に落ちないのは、「開けてはなりませんよ」と渡される「玉手箱」ではないだろうか。元の浜辺に帰ると300年も経っていて、衝撃を受けた太郎が思わず玉手箱を開けると白い煙が立ち上り、たちまち太郎はお爺さんになったという。そうなると箱の中には竜宮で過ごした時間が入っていたのか。

　はやぶさ2が立ち寄った「リュウグウ」には「太陽系が生まれた頃（今から約46億年前）の水や有機物」が残されていると推定されているそうだ。「玉手箱」を開けて「めでたし、めでたし」となることを祈る。〔はやぶさ2に関してはJAXAのhpを参照した。〕

（古澤夕起子）

第**4**章 ビジネス文書を書く

問1 ビジネス文書の基本を確認しよう。

（1）ビジネス文書には、社内文書と社外文書があります。次のうち社内文書にあたるものには A、社外文書にあたるものにはBと記しなさい。
　　①企画書　②報告書　③請求書　④回覧書　⑤注文書　⑥見積書　⑦納品書　⑧議事録
　　⑨案内書　⑩催促書

（2）ビジネス文書に使用される用紙の大きさは次のうちどれか答えなさい。
　　①A3　②B5　③A4　④B4

（3）
　　（a）社外文書において、宛先の企業・団体名には次のうちどの敬称を用いるのが適当か。
　　　①様　②宛　③行　④御中

　　（b）複数の個人宛のビジネス文書において用いる敬称は次のうちどれか選びなさい。
　　　①各位　②賢兄　③気付　④様

　　（c）ビジネス文書において、自分が勤める会社は何と表現するのが適当か、次の中から選びなさい。（複数回答可）
　　　①貴社　②御社　③小社　④弊社

　　（d）ビジネス文書において、自分あるいは自分の会社が作成した文書は何と表現するのが適当か。（複数回答可）
　　　①書面　②ご書面　③弊信　④書中

　　（e）次の項目を社外文書に記す順番通りに並べ替えなさい。
　　　①宛名　②件名　③別記　④前文　⑤末文　⑥文書番号　⑦日付　⑧氏名　⑨主文

問2 ビジネス文書を作成しよう。

　株式会社山川コーポレーション総務部に勤務する山田花子さんが、山科大学文学部の林文男教授に京都の商業の歴史についての講演を依頼する文書を作成することになりました。
　山川コーポレーションは京都で創業しビジネスを展開しているので、京都の商業の歴史に詳しい林教授にぜひ詳しい話を聞き社員の学びの場としたい、というのが目的です。
　日時は2021年4月1日（土曜日）、場所は山川コーポレーション第3会議室。参加者は50名を予定しています。講演の依頼文を作成しなさい。

知識は役目を終えたのか？

「645年、大化の改新起きる」式の知識は必要なくなったという人がいる。そんなことはググればわかる。インターネットが発達した現在、学校は知識ではなく、考え、議論する力を身につける方にシフトするべきだというのである。

数年前に参加したあるフォーラムで著名な企業人でもある講師の一人からそのような発言を聞いたとき、暗記嫌いだった受験生時代を思い出して共感を覚える一方で、これは大切なことが抜け落ちた意見だと思った。知識の持つ役割が考慮されていないことだ。

生物学者の福岡伸一さんの『できそこないの男たち』（光文社新書）という本に次のようなエピソードがある。実験実習の最初の授業で学生に顕微鏡で細胞の観察をさせ、見えたものをスケッチするように言う。学生が描くのは自信なげな弱々しい線である。こんなにはっきりと見えているのに。そこで福岡さんは自分もかつてそうだったということを思い出す。今はっきりと見えるのはすでにどう見えるかを知っているからなのだ。このエピソードは「私たちは知っているものしか見ることができない」という言葉で締めくくられる。

知識はたしかに感覚を変える。私は大学院生のころからクラシック音楽を聴くようになった。ポップス系の音楽はつい口ずさみたくなってしまい、読書に集中できない。でも、音がないと落ち着かない。クラシックならちょうどいい。

聴きはじめると興味が出てきて、楽譜（ポケットスコア）を買った。ずぶの素人には手も足も出ないかと思ったが、モーツァルトの交響曲の主旋律を追うことぐらいならできる。すぐに気がついたのは、楽譜を目で追っているとオーケストラの音からフルートやティンパニが浮かび上がってくることだ。楽譜の音符が与えてくれる情報のおかげで、聞こえる音が明らかに違う。

不思議に思うだろうか。しかし、知るということはそういう役割を持つものなのである。少なくとも私は手放してしまう気にはなれない。

（安達太郎）

第4章　ビジネス文書を書く

問1

(1)

① (　　　　) ② (　　　　) ③ (　　　　) ④ (　　　　) ⑤ (　　　　)

⑥ (　　　　) ⑦ (　　　　) ⑧ (　　　　) ⑨ (　　　　) ⑩ (　　　　)

(2) (　　　　)

(3)

(a) (　　　　) (b) (　　　　) (c) (　　　　) (d)) (　　　　)

(e) (　　) → (　　) → (　　) → (　　) → (　　) → (　　) →

(　　) → (　　) → (　　)

第4章　ビジネス文書を書く

問2

文書番号４６７８３６号
年　　月　　日

_____

_____

株式会社山川コーポレーション
総務部　山田　花子

_____

記

以上

学　　番号	氏名

（1）履歴書の書き方を記した次の文章のうち、正しいものには○、そうでないものには×をつけなさい。

　　① 何度でも書き直せるように、履歴書は鉛筆で書くようにする。

　　② 担当官とは面接の際に直接会うことになるので写真についてはこだわりは不要である。そのため履歴書に貼る写真はスピード写真で良い。

　　③ 生年月日、入学、卒業年月日などは、和暦か西暦のどちらかで統一する。

　　④ 採用担当は、学校名については十分な知識があるので学校名は省略しても良い。

　　⑤ 履歴書に定められた枠からはみ出してでも伝えたいことを書くほうが熱意が伝わる。

　　⑥ 学歴と職歴はそれぞれ項目を分けて見出しをつける。

　　⑦ 趣味や特技欄については、職務とは無関係なので簡潔に一言で書く。

（1）エントリーシートの記入項目に必ずあるのが志望動機欄です。そして、説得力のある志望動機を書くために欠かすことができないのが企業研究です。次の中から企業研究にあたるものを全て選びなさい。

　　①同業他社についての調査　②経営理念　③志望企業の弱み　④将来設計　⑤資格
　　⑥売り上げ推移　⑦長所・短所　⑧事業内容　⑨社風　⑩志望動機

（2）次の中からエントリーシートの記入にあたって求められるものを全て選びなさい。

　　①レイアウト力　②豊かな感情表現　③論理的文章　④会社に対する興味　⑤具体的事例
　　⑥説得力　⑦将来のヴィジョン　⑧入社後いかに成長したいか　⑨企業理念に対する共感
　　⑩ビジネスの場で活かせる長所

（3）実際のエントリーシートを書くつもりで次の設問に答えなさい。

　　（a）学生生活の中であなたが最も打ち込んだことについて書きなさい（400字）

　　（b）社会人になるにあたって、あなたが大事にしたい価値観を書きなさい（400字）

PREP 法を活用しよう！

　文章構成法と聞いて、まず思い浮かべるのは何だろう？　おそらく、多くの人が起承転結を思い浮かべたのではないだろうか。

　起承転結という文章構成法は、日本ではとてもポピュラーである。しかし、これは海外、あるいはビジネスの場では通用しないのだ。

　あなたがアルバイト先でお客様からクレームを受け、そのクレームを責任者に報告しなければならない、という場面を想像してみよう。

　「午後 3 時にお客様が来店され、テイクアウトでコーヒーとサンドイッチをオーダーした。しかし、誤ってオーダーを受けた結果、異なる商品をお渡しし金額も余分に受け取った。云々」というような起承転結型、つまり時系列での報告では、報告を受ける側の頭にはクエスチョンマークばかりが浮かび上がる。なぜなら、重要な情報が伝達されているにも関わらず起承転結型の文章では、結論が最後になるため要点が明確にならないからだ。この場合、今後の対応や問題点、報告の意図といった最も重要な内容は、まず初めに伝えるべきなのである。

　ビジネスシーンでは、多くの人々が限られた時間の中で複数の業務を行っている。したがって、業務連絡や起こってしまったトラブルには即座に最良の対応をすることが求められる。そのためには起承転結の結の部分、つまり最も重要な結論を正確にかつ最初に伝える、ということを意識する必要がある。先ほどの例で言えば、まず「お客様に返金と謝罪が必要である」という結論を先に伝え、次に経緯を報告する、という流れになる。このように情報を伝達することで、必要な対応が明確になりトラブル解決にスムーズに着手することができるのだ。

　最も大切なことを説得力をもって伝える文章構成法のひとつに PREP 法というものがある。P は Point（結論）、R は Reason（理由）、E は Example（具体例）、そして最後に再び P = Point（結論）の 4 つのパラグラムで成り立つ文章構成だ。ビジネスシーンではこの PREP 法が非常に有効である。

　これは、あなたが初めて書くビジネス文書ともいえるエントリーシートや面接の受け答えなどにも応用できる文章構成法でもある。PREP 法を使いこなしてビジネスシーンで通用する情報伝達能力を磨いていこう。

（権藤愛順）

第5章　履歴書・エントリーシートを書く

問1

(1) ① （　　　　） ② （　　　　） ③ （　　　　） ④ （　　　　） ⑤ （　　　　） ⑥ （　　　　） ⑦ （　　　　）

問2

(1)

(2)

(3)(a)

(3)(b)

学生証番号	氏名

第4部

日本語で論じる

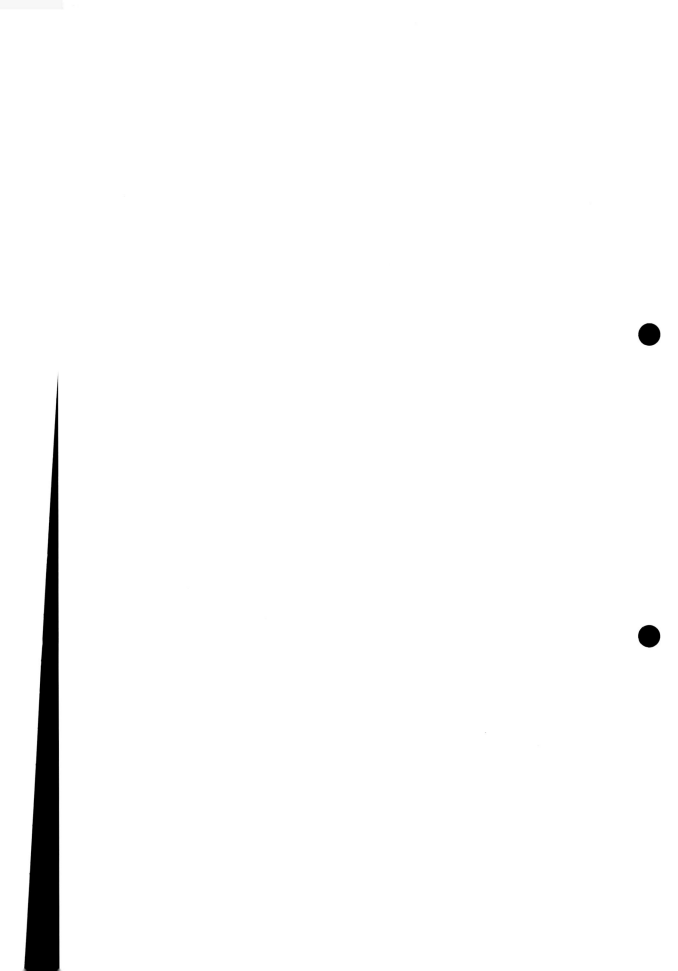

第 *1* 章　大学のレポートについて

問1　次のそれぞれの文章の特徴を、箇条書きで挙げてみよう。

・大学のレポート
・小説
・日記
・手紙・メール
・新聞記事

問2　次のそれぞれの文章を、大学のレポートにふさわしい書き方に直してみよう。また
その理由を考えましょう。

（1）私の経験から、差別を解消することは難しい。

（2）交通事故のため、朝早くから道が渋滞していた。

（3）この仮説は正しいと思う。

（4）春の足音が聞こえてきた。

問3　今朝からこの授業を受けるまでのできごとを、大学のレポートの書き方で書いてみ
よう。

《ヒント》朝起きた時間や朝食のメニュー（食べなかった場合はそのこととその理由）、通学方
法や時間、大学に着いてからこれまでに受けた授業などを書こう。一方、感じたこと（眠い、
暑いなど）や、友達との雑談の内容などは書かないようにしよう。

問4　自己紹介を大学のレポートの書き方で書いてみよう。

《ヒント》生まれた場所や小さなころに好きだったこと、中学校や高校で取り組んだことなど、
自分のこれまでのことを客観的に報告すると良いでしょう。

生成系 AI との付き合い方

2022年11月に ChatGPT が公開されて以降、生成系 AI の認知度は急速に上昇しました。今このコラムを読んでいる皆さんのなかにはその言葉を耳にしたり、あるいは実際に使った人もいると思います。

この生成系 AI ですが、従来の AI と異なり、自身が収集・蓄積した情報をもとに学習し、それらを組み合わせてデータを生成する機能を備えています。生成するデータは文字列に限らず、音楽やイラストなど多岐にわたります。今後、社会のさまざまな場面に生成系 AI の影響が広がっていくと推測されるため、その操作スキルは新たな基礎スキル（リテラシー）になると言われています。

もちろん、大学を卒業して社会で活躍する皆さんにとっても今のうちに身につけておくべきスキルのひとつと言えるでしょう。個人的には、大学生活のさまざまな機会で生成系 AI に触れて、試して、使い方に慣れていってもらいたいと思います。

生成系 AI は初めて書く文章の見本や参考文として使うことができます。「こんな感じの文章を書けば良いのか」や「この書き方は参考になるから今度使ってみよう」など、大学の文章作成においても活用できるでしょう。

ただし、生成系 AI と付き合っていく上で、知っておいてほしいことがふたつあります。ひとつめは、生成系 AI が蓄積している情報の偏りです。生成系 AI はおよそ人間には真似できない量の情報を集めることが可能ですが、それらは「過去に人間が作成したデータ」になります。2023年8月時点ではその多くがインターネット上の情報となっています。そのため、例えば ChatGPT に「京都市山科区について教えて」と指示した場合、以下のような回答が返ってきます（2023年8月8日時点、ChatGPT Version3.5）。

> 山科区は、京都市内の東部に位置しており、山々に囲まれた自然豊かなエリアです。京都市内からはやや離れていますが、歴史的な名所や観光スポットも多く存在しています。
>
> 一般的な特徴や観光スポットとしては、以下のようなものがあります：
>
> 伏見稲荷大社（Fushimi Inari Taisha）：鳥居のトンネルが有名な、京都を代表する観光名所の一つです。多くの参拝客が訪れることで知られています。

（P.65に続く）

第1章　大学のレポートについて

問1

文章	特徴
大学の レポート	
小説	
日記	
手紙・メール	
新聞記事	

問2

(1)	修正文	
	理由	
(2)	修正文	
	理由	
(3)	修正文	
	理由	
(4)	修正文	
	理由	

問

学　番号	氏名

第 *2* 章　レポート作成へ向けた情報収集と引用

> **問1**　次のそれぞれの言葉の意味をインターネットで調べてみよう。

シンボル　　マスメディア　　トラウマ　　メタバース　　ゲノム

> **問2**　大学のレポートを書くときに、インターネットより書籍の情報の方が一般的に高い
> 信頼性を有し、引用元としてより適切と言われる理由を考えてみよう。

《ヒント》同じインターネット上の情報でも、省庁やNPO、企業の文章は引用しても問題になりにくいと言われています。一方で、個人のSNSやブログの情報をそのまま引用することは危険と言われています。

> **問3**　「消費税」の増税について賛成か反対か述べましょう。その際、根拠となる消費税の
> 仕組みや課題などの情報について出典を明示しましょう。

（P.62より続く）

　　清水寺（Kiyomizu-dera）：山科区から少し離れたところに位置していますが、京都を代表する寺院の一つです。特に春と秋には美しい景色が楽しめるスポットです。

（以下略）

観光地として「伏見稲荷大社」と「清水寺」が紹介されていますが、それぞれ伏見区と東山区に存在しています。これをそのまま大学のレポートに書き写せば減点は免れません。今後情報の更新によって解消していく可能性はありますが、情報の古さや正誤について必ず皆さん自身で判断する必要があります。
　生成系AIと付き合っていく上で知っておいてほしいことのふたつめは、生成系AIには個人としての体験や記憶が無いことです。AIはコンピュータプログラムのひとつですからこのことは当然と言えます。しかし、文章などを創るときには注意が必要です。例えばChatGPTに「飲用水メーカーに就職を希望しています。自己PRを書いて」と指示した場合、以下のような回答が返ってきます（2023年8月8日時点、ChatGPT Version3. 5）。

（P.66に続く）

（P.65より続く）

　私は健康と環境への意識を大切にし、飲用水メーカーでの就職を強く希望しています。私の経験と熱意を通じて、この業界で貴社の成長に貢献したいと考えています。

　私は飲用水の品質と安全性に関する理解を深めるために自主的に学び、専門知識を磨いてきました。その結果、水の流通から品質管理までのプロセスについて幅広い知識を持っています。これにより、安全な水を提供するための重要なポイントを理解し、その実現に向けて積極的に取り組む意欲があります。

　過去の経験を通じて、チームでの協力とコミュニケーションの重要性を学びました。チームメンバーと協力し、問題解決に向けて効果的なアプローチを見つける能力を持っています。また、プロジェクト管理やデータ分析のスキルも備えており、飲用水メーカーとしての効率的な運営に貢献する自信があります。

（以下略）

　この文章で採用に至る可能性は低いと言わざるを得ません。なぜなら、誰にでも書ける、取ってつけたような自己PRだからです。まず、「水の流通から品質管理までのプロセスについて幅広い知識」を備えている根拠が不明です。大学でどのような科目を履修し、どんな課題やワークを行ったか、具体的にどんな知識やスキルを持っているかが書かれていません。また、「チームでの協力とコミュニケーション」を学んだ過程や重要性に気付いた出来事も記述されていません。このような文章となるのは、ChatGPTが授業に出て、さまざまな活動を行い、その中で能力を成長させた経験がないからです。文章を創るためには（たとえそれが1枚の報告書であったとしても）個人としての経験が必要となるのです。
　これまで書いてきたように、生成系AIは皆さんの大学生活、そして卒業後も身近で役に立つ存在となるでしょう。一方で、あくまでもツールのひとつであり、その弱みを知ったうえで上手く付き合っていくことが大切です。

（多田泰紘）

第2章　レポート作成へ向けた情報収集と引用

問1

言葉	意味
シンボル	
マスメディア	
トラウマ	
メタバース	
ゲノム	

問2

問3

学生証番号	氏名

コラム⑬

ひらがなを使ってみよう！

　皆さんは、今まさに大学のレポートの書き方を学んでいる最中と思います。そんなときに、「大学のレポートでひらがなを使ってみよう！」と言われたらどうでしょうか。戸惑ったり、馬鹿にされているように感じる人もいるかもしれません。しかし、レポートで適切にひらがなを使うことは非常に重要なスキルです。今回はそんなひらがなの使い方の話です。

　百聞は一見に如かずと言います。次のそれぞれの文章の「ところ」について、皆さんは漢字の「所」を使いますか？それともひらがなを使いますか？

　①　ここが今夜寝るところだ

　②　私は今来たところだ。

正解は、①が漢字の「所」を使い、②はひらがなの「ところ」のままとなります。なぜなら、①は漢字の「所」がもつ場所を意味するからで、②は状況を意味するからです。このように、日本語の中には同じ読み方でも、漢字が本来意味する使われ方をするものと、そこから意味が広がったり転じたりして別の意味で使われるものがあるのです。そして、後者は漢字で表記すると意味を誤解させる恐れがあるため、ひらがなを使います。

　このように、漢字がもつ本来の意味と異なる使われ方をするためひらがなで表記する日本語は思いのほか身近にあふれています。有名なものとして「いう」、「みる」、「とき」、「ない」などがあります（表１）。

　皆さんもレポートを書くとき（これは漢字の「時」は使えませんね）は、自分が使う日本語の意味を考えて、適切にひらがなを使ってください。

表１　同じ読みで漢字とひらがなを使い分ける日本語の例

読み	表記	意味	使用例
いう	言う	実際に言葉を発する	今から言う言葉を記憶しなさい。
	いう	上記以外	気を付けないとこういうことになる。
みる	見る	実際に視覚的に認識する	夜に星を見る。
	みる	上記以外	大学に来てみる。
とき	時	過去の特定の時点	朝起きた時に気付いた。
	とき	状況・場面	そんなときは友人に相談する。
ない	無い	実態のあるものが存在しない	食料が無い。
	ない	上記以外	仕方ないので帰ることにした。

（多田泰紘）

第**3**章　状況の記述と要約

●●

> **問1　次のそれぞれの写真の状況を200字以内の文章で正しく伝わるように述べてみよう。**

《ヒント》状況を説明するときはまず場所（場面）について、次にその場所の状況について、最後に人物や物の数、行動（何をしているか）についてのように、全体像から具体的で詳細な情報の順に書いていくと分かりやすい文章ができあがります。

写真①

写真②

> **問2　次のそれぞれの文章のトピックセンテンスを抜き出してみよう。また、トピ　　　セ**
> **ンテンスに対するサポートセンテンスの関係を考えましょう。**

（1）ところがときおり世論が存在しないという事態が生じる。社会が意見を異に　　グループに分割され、その意見の力が互いに打ち消されるようなときには、一つの統　　形成されるような余地を与えてくれない。そして自然が真空を嫌うように、世論の力　　在が残した空洞は、暴力で埋められる。そして、ついには暴力が世論の代用品として　　に出てくるだけなのだ。（引用：オルテガ・イ・ガセット著／佐々木孝訳『大衆の反逆』　　0年4月、岩波書店刊　p.227）

（2）このダーウィンの説明は、その後いろいろな研究によって批判　　た。まず、生物に変異があることはたしかだが、そのすべてが遺伝するものではない　　が明らかにされた。そして変異はすこしずつ蓄積されていくものではなく、突然に、飛　　におこることもわかった。（引用：日高敏隆『動物という文化』1988年12月、講談社刊　　9）

問3　次の文章を要約しましょう。

　すべての知識と記憶は、われわれの神経細胞とその回路で起きる生理現象だ。脳は生来固定されておらず、柔軟で可変的、新しいタスクごとに再編成されるという考え方は、近年の革新的な発見であり、その意味や仕組みはまだ研究が始まったばかりだ。

　有益な神経科学の論考のなかで、ジョン・T・ブルーアーは、この問題を、脳の神経回路の初期の発達と不安定化、幼少期の刺激による知能強化と関連づけた。人は「ニューロン」と呼ばれる神経細胞をおよそ1000億個持って生まれてくる。その神経細胞同士を接合のための構造である「シナプス」がつなぎ、信号の送受を可能にする。生まれる直前から直後にかけて、シナプス形成の爆発的増加が起き、脳内に回路が張りめぐらされる。具体的には、神経細胞が「軸索」と呼ばれる微細な枝を伸ばして、ほかの神経細胞の「樹状突起」と結びつき、シナプスが形成されるのだ。軸索が目標の樹状突起を見つけ、神経回路の接続を完成させるためには、途方もない距離を進まなければならないこともある。（中略）この神経回路が、学習や記憶を含めたわれわれの感覚、知覚、運動能力を生み出し、知能の可能性を広げたり限界を定めたりしているのだ。

　情報伝達のための神経細胞をつなぐシナプスの数は1、2歳でピークに達し、その数は成人の平均値より五割ほど多い。それが思春期のころまで維持され、その後は脳が過剰なシナプスを「剪定」して減らしていく。16歳になるころには成人のレベルに落ち着くが、それでもシナプスの数は150兆にもなる。

　なぜ、新生児の脳が過剰なつながりを作るのか、成長過程でそれをどう選別して減らしていくのかはわかっていない。使用していないつながりが衰えて消えていくと考える神経科学者もいる。この「使うか、なくすか」の原則にしたがえば、初期段階でできるだけ多くのシナプスに刺激を与えて、それらを一生維持しようということになる。一方で、発芽と選別は遺伝子によって決まるから、残されたり消されたりするシナプスに影響を及ぼすことはほとんど、あるいはまったくできない、という説もある。

　神経科学者パトリシア・ゴールドマン＝ラキックは、アメリカ教育委員会で「子供の脳は幼少期に膨大な量の情報を必要とする」けれども、大半の学習はシナプス形成が安定したあとでおこなわれると語った。「小学校1年生が高校生、大学生になり、さらに成長しても、シナプスの数はほとんど変わらない」。学習しているときにも、言語や数学や論理の能力を大人の水準まで発達させるときにも、ほとんどシナプスは形成されないという。また、経験や環境による刺激で個人の神経回路が微調整され、特有の神経構造ができるのは、新生児のころよりむしろ成人になるまでの成長期である、と神経科学者のハリー・T・チュガニも考えている。2011年にイギリスの心理学と社会学の研究チームが発表した論文では、神経科学の証拠を再検討し、脳の設計と全体構造は実質的に遺伝子で決まるが、細かい神経回路の構造は経験によって作られ、大きく修正することが可能だと結論づけている。

（引用：ピーター・ブラウン、ヘンリー・ローディガー、マーク・マクダニエル著／依田卓巳訳
　　　　『使える脳の鍛え方―成功する学習の科学』、2016年4月、NTT出版刊、原文は縦組）

第3章　状況の記述と要約

問1

写真①

100

200

写真②

100

200

第3章　状況の記述と要約

問2

(1)	トピックセンテンス	
	サポートセンテンスの関係	
(2)	トピックセンテンス	
	サポートセンテンスの関係	

問3

	学生証番号	氏名

第4章　大学のレポートの表記・表現

問1

記号	使い方
「」（カギカッコ）	
『』（二重カギカッコ）	
()（丸カッコ）	
・（中点）	
……（三点リーダー）	
——（ダーシ）	
〜（波線）	
／（スラッシュ）	

問2

(1)	修正文	
	理由	
(2)	修正文	
	理由	
(3)	修正文	
	理由	

(4)	修正文	
	理由	

問3

(1)	修正文	
	理由	
(2)	修正文	
	理由	
(3)	修正文	
	理由	
(4)	修正文	
	理由	

学生証番号	氏名

> 問1　次のうち論証文（大学のレポート等で見られる論理的な文章）のテーマにふさわしいものを選んでみよう。また、そう考えた理由を説明しましょう。

① ここ5年間の京都市山科区の人口推移
② 京都府の子育て世代数の増加に関する提案
③ 我が家の献立～理想的な栄養バランス～
④ 日本が幸福な国になるための政策
⑤ 河童の民話と河川工事技術との関係

> 問2　次のそれぞれの文章は「事実」または「意見」のどちらかです。「事実」にあたるものを選んでみよう。また、そう考えた理由を説明しましょう。

① 自身が適切な方法で調査し、分析した結果
② 3年前の市の定例会議の議事録
③ 自分の信念
④ 友人に賛同された改革提案
⑤ 有名な教授から個人的に聞いた見解

> 問3　次の4つのパラグラフ（段落）について、「序論」「本論」「結論」のいずれに当たるか考え、大学のレポートとして正しい順に並べてみよう。

【パラグラフ①】

　日本では1989年に北海道壮瞥町において、第1回昭和新山国際雪合戦大会開催されている。スポーツとしての雪合戦は、この頃に始まったと言える。そして2007年に同町で開催された第19回大会において、「全国の協会や支部大会に参加した2500チームを勝ち抜いてきた190チームあまりが参加する。（中略）欧州選手権は13回の開催を数え、10ヶ国50チームが参加する」（松野・横山、2009）など、国内外で多くの人が雪合戦をスポーツとして楽しんでいる。競技人口が多い他のスポーツと比較すれば、認知度は高くないかもしれないが、雪合戦をスポーツとして楽しむチームや人は増えてきているのもまた事実である。以上のように、雪合戦は雪国のスポーツでありながら、雪国以外の国や地域の多くの人が参加し、楽しむことができる魅力を備えている。

【パラグラフ②】

　このレポートでは、雪合戦がもつスポーツとしての魅力について文献調査を行った。その結果、雪合戦は多くの国や人が参加するスポーツとして定着しており、参加者間の経験や感情の共有も盛んである。このことから雪合戦は魅力的なスポーツのひとつと言える。今後、国外での普及が進むにつれて、雪合戦は多くの人が国や文化の枠を超えて参加できる、より魅力的なスポーツとして広がっていくだろう。

【パラグラフ③】

　雪合戦に国内外から多くの人が参加し、スポーツとして浸透していることが分かった。では、雪合戦の参加者は、チーム内で勝利の経験やその時の感情を共有できているのだろうか。団体競技の魅力のひとつである、他者との感情の共有が可能なのであろうか。山下（2010）は、高野町雪合戦チームに対して組織文化に関するアンケート調査を行っている。このアンケート結果によると、優勝トロフィーや写真、ロゴマークなどを通じてチームの歴史や非言語的な感情をメンバー間で共有できていることが示唆されている。雪合戦を対象とした調査・研究は少ないものの、雪合戦は参加者間の交流を促し、チームとしての一体感を持つことができる魅力的なスポーツと考えられる。

【パラグラフ④】

　このレポートでは、子どもの遊びとして広く知られている「雪合戦」について、どれほど多くの人に受け入れられ、楽しまれているのか考察する。雪合戦をスポーツとしてとらえると団体競技と言える。つまり団体競技ならではの参加者間の交流の創出や、ストレスを解消につながる可能性がある。しかしながら、雪合戦をスポーツとして捉えることは、一般的と言えず、その効果について議論されることは少ない。そこで、このレポートでは、雪合戦の魅力について文献調査を行い、1）様々な地域の人が大会に参加していること、2）参加者がチーム内で経験や感情を共有していること、の2点を明らかにする。

> 問4　教員から発表されるテーマについてクラスやグループで話し合い、800字程度の小論文（序論、本論、結論の三部構成で自身の考えを述べた文章）を書きましょう。

《ヒント》小論文は資格試験や就職活動等で書くことがある論証文のひとつです。一般常識や自身がこれまでに身につけた知識を用いて、比較的短い文章を作成します。

【第4部課題】論証型レポートを書く

　教員から指定されたキーワードについて、①キーワードの意味を述べ、②文献を引用して世界や日本での取り組み事例をまとめ、③客観的な根拠を示して自身の考え方を述べなさい。

　レポートは1200文字程度以上で作成すること。上述の①および②で600文字程度が目安となる。ただし、図表や参考文献リストは文字数に含まない。

　執筆にあたっては、文章作成ソフト（Microsoft Word等）を使用すること。本文はA4用紙横書きで、10.5もしくは11ポイントのフォントサイズを用いなさい。提出方法については教員の指示に従うこと。

第5章　大学のレポートのテーマと構成

問1

論証文にふさわしいテーマの番号	

理由	

問2

「事実」にあたるものの番号	

理由	

問3

序論にあたるパラグラフの番号	
本論にあたるパラグラフの番号	
結論にあたるパラグラフの番号	
正しい順番	→　　　　→　　　　→

問4

100

200

300

400

学生証番号	氏名

問4

500

600

700

800

学生証番号	氏名

コラム⑮

趣味は比較すること

　子供のころからずっと、自分には趣味と言えるものがあまりないと思っていた。しかし最近になって、自分が比較という操作を偏愛していることに気づいた。

　私が研究している日本語文法では類似の意味・機能を持つ複数の形式を比較することが方法論として確立している。夏目漱石に「吾輩は猫である」という作品があるが、傍点を「吾輩は猫<u>だ</u>」や「吾輩は猫<u>です</u>」に置き換えるとニュアンスが変わる。同一の条件で一箇所だけ他の形式に置き換えて比較し、形式間の本質的な違いを発見しようとするのである。

　比較するのが好きだから日本語文法を選んだのか、日本語文法の訓練を積んだから比較するのが好きになったのか、今となってはよく分からないが、この出会いは幸運だった。なぜなら、他の領域ではなかなか自由に比較はできないからだ。

　文学研究ではどうか。岐路に立っている主人公が選べるのは1つの選択肢だけで、作品にはその顛末が描かれるだろう。主人公が別の選択肢を選んだらこうなるに違いないという分析は許されないはずだ。

　偏愛というからには、比較好きは研究に止まらない。昔ほどポップス系の音楽を聴かなくなり、クラシックが多くなったのはきっと同一作品で比較できるからだ。ベートーヴェンの運命を聴くとする。どの演奏を？　カラヤンとカルロス・クライバーではテンポや音の質感がずいぶん違う。いろいろな演奏を聴き比べてみなくては！

　なお、私は自分と他人を比べて、損をしているとか恵まれているといった比較はいっさいしない。私は他人とは取り替えがきかない私自身の人生を生きているのだからそういう比較は無意味だし、だいいち楽しくない。比較するのはあくまで楽しいからだ。

　そういうことで2020年のクリスマスはケストナー『飛ぶ教室』を再読してみたくなり、手元にあった池田香代子訳に始まって、丘沢静也訳、池内紀訳、高橋健二訳を購入して立て続けに読んでいった。楽しみには元手がかかるのだ。

（安達太郎）

第5部

日本語を読む

第**1**章　批評文・論説文を読む（1）

　次の文章は映画『おおかみこどもの雨と雪』（監督：細田守）への批評文の一節です。
　筆者・氷川竜介は、言葉では伝えにくい「複雑な想いの交錯」を、「映像や音声に乗せて多重化できる」のが映画の特性だと考えています。これを読んで、後の問に答えなさい。

　「細田マジック」を補強する技法として、ここでは「同じ構図の反復（同ポジションを略して同ポ）」が用いられています。田舎へ引っ越した後、ほぼ同じアングルで花（引用者注：雪と雨の母親）の主観カットが再登場し、雪のおねだりが反復されます。
　都会の狭いアパート住まいと、田舎の広いボロ家。背景は当然変わる。しかし雪の「おねだり」は、ほぼ同じポーズ、同じカメラ位置で強調して見せています。同じ構図だからこそ、背景の違いが分かりやすく伝わる。「差異」も「変化」なので、ビジュアルとして「語り手」の役目をはたしています。「誰かが意図的に同じ構図で撮っている」と気づいた観客は、そこに特殊な意味を感じとるということです。
　この場合、子どもが家の広さをどう感じているのか、感情の違いが「特殊な意味」になります。だから「見た目」の主観構図が用いられ、作画で描かれる「感情の変化」も際だつ。そしてカメラ（スクリーン）の手前で雪を見つめる「母の気持ち」——「やはり越してきて良かった」という感情の主体的な変化も観客は察知する。このトータルで共感が結ばれるのです。
　「感動」とは「感情が動く＝変化すること」です。そしてスクリーンの内外で「共感」が生まれない限り、感動には至らない。だから、これだけの手続きが必要ということです。しかし手続きという「作為」が表面化しないよう、登場人物の気持ちに寄り添うことがむしろ優先される。
　その目的において、カット単位の「主観・客観」をどの程度意識し、「視点」を決めるのか。その視点のコントロールは、細田守監督のどの映画でも最初から最後まで、実にデリケートに、簡単に意図が察知されないよう設計されています。意図が沈めてあるからこそ、登場人物同士の気持ちの結びつきがビビッドに磨きあげられて高まっていく。登場人物の気持ちと観客の気持ちも、密に結ばれていく。
　すべては「共感の醸成」のためです。もちろん他の映画的技法も総動員されています。しかしテクニカルな先鋭さだけではなく、まるでちょっとしたことで壊れてしまうガラス細工のような、慎重な配慮も伝わってきます。
　この繊細さもまた、映画『おおかみこどもの雨と雪』の深い味わいにつながっている大事な要素なのです。

　主観映像はカメラ固定による静的なシーンのみならず、アニメーションならではのダイナミックな躍動感を描くときにも使われています。
　Bパート（引用者注：全体を四つに分けた前から二つ目の部分）終了直前、おおかみになった二人と母が雪原を思う存分駆け抜けるシークエンスが、その代表例です。ここでは「主体が自ら激しく動いている」という運動を伝える演出意図で「主観映像」が使われています。眼前の風景、雪原や岩肌や木々が次々と新しく通過し、「激しい変化」として描かれる。
　アニメーションは通常、平面の素材を使います。奥行きや手前方向への移動感のあるカメラワークでは平面であることがバレるため、多用できません。しかし、ここでは「大自然を満喫する

喜び」を強調するため、カメラは「疾走するおおかみの視点」となって主観的に雪原を駆け抜ける。視点移動の得意なCGも巧みに使われています。

　細田演出では、通常カメラの動きを抑制しているため、「ここぞ」という感触も解放感につながります。何より大事なのは、自分もおおかみになって思う存分大地を駆けているという爽快感でしょう。映画内の登場人物の体験が、観客と共有できるのです。

　実はこのシーンでの共感が大きければ大きいほど、「おおかみか人間か」とう後半の「選択のドラマ」での葛藤は深くなる。そんな全体の構造を考えての爽快感です。気持ちを上げてから落とす。その低いところから、最後は一気に持ち上げる。

　感動が「変化を描くこと」で生まれるならば、こうしたジェットコースター的な高低差の設計は大事なことです。

（氷川竜介『細田守の世界　希望と奇跡を生むアニメーション』2015年7月、祥伝社刊。ただし、引用の都合上、一部改変しています。）

問1　筆者は細田守のアニメーションを、どのように捉えているか、次の点に留意しながら要約しよう。

・「同じ構図の反復」
・「主観映像」

問2　書評・映画評を書いてみよう。

※字数　1200字程度

第1章　批評文・論説文を読む（1）

問1

問2

問2

500

600

700

800

学生証番号	氏名

問2

900

1000

1100

1200

学生証番号	氏名

三島由紀夫『文章読本』紹介

　「文章読本」を知っていますか？　そう、文章の特質を論じたり、文章作法を解説したりする本です。「文章読本」というタイトルでなくとも、文体論、表現論、名文紹介などの書物は多く刊行されています。これらは日本語を外国語として学習する人を特定の読者とするわけではなく、日本語を母語とする人々を広く読者として想定しています。優れた文章への関心や、実用的な場面で達意の文を書く力を身につけたい思いが、一般の読者にもあると見込まれているわけでしょう。

　それら幾つもの『文章読本』のなかから、ここで一冊を紹介します。

　三島由紀夫『文章読本』（昭和34年、中公文庫）は、日本の文学を、「抽象概念の欠如からはじまった」「女性的文学」（傍点原文）であると論じています。各章の末尾には『万葉集』から『源氏物語』を経て、近松や西鶴、横光利一・石原慎太郎らの引用があり、それらの表現者たちが、日本語の特質と親和したり格闘したりしながら、新しい表現を生んでいったさまが見てとれます。

　日本語に堪能な西洋人にも森鷗外や志賀直哉の文章が分かりにくいのは、それらに微妙な「水に似た味わい」があるからだと三島は言います。そして、「水に似た味わい」の文章ばかりが美しいとは限らず、一方には「強い葡萄酒やウィスキーに似た味わい」の文章もあると評し、書き手として谷崎潤一郎の名を挙げています。（著者は自評していませんが、三島自身の文章は後者です。）

　この書の特質は、文章論がジャンル別になされている点です。小説、戯曲、評論、翻訳の文章について、やはり末尾に具体例を引きつつ、論じられています。

　そのような縦横な文章論の末に、三島にとって「文章の最高の目標」は、「古典的教養から生れる」「格調と気品」であると明かされています。

　『文章読本』というタイトルの書は、他にも谷崎潤一郎（昭和９年）、丸谷才一（昭和52年）、中村真一郎（昭和57年）、井上ひさし（『自家製文章読本』昭和62年）、向井敏（昭和63年）などがあります。読みくらべてみるのもいいでしょう。

（辻本千鶴）

第 **2** 章　批評文・論説文を読む（2）

> 問1　論証の型や接続詞について理解を深めよう。

（1）論証の型を示す例文をあげます。帰納法、演繹法、弁証法、三段論法のうち、どれに当てはまるか、答えなさい。

①　すべての花は美しい。
　　だから、この花は美しい。
　　だから、その花も美しい。
　　だから、あの花も美しい。

②　この花は美しい。
　　その花も美しい。
　　あの花も美しい。
　　だから、すべての花は美しい。

③　人は老いる。
　　彼は人である。
　　だから彼は老いる。

④　愛は人を孤独から救済する。
　　愛は人に孤独を知らしめる。
　　愛は人を孤独から救済し、かつ、人に孤独を知らしめる。

（2）次の文章を読んで、後の問に答えなさい。

　大学での学修には多くの本を読むことが不可欠である。それは、社会人としてふさわしい知識と教養を身につけていくことでもある。〔　①　〕、本を読むのは面倒だ、特に難しい本を読むのは時間の無駄だと敬遠する人がいる。〔　②　〕、ここでは、難しいと思われる本であっても、読むことの重要性を伝えたい。

　分かる本しか読まない危険性を指摘する研究者は少なくない。〔　③　〕外山滋比古は、テレビが私たちの生活を支配するようになって、何事も目でみないと承知できない人が増え、ことばは「あまりにも、具体的になってしまった」と言う。「未知のこと、抽象的なことは、はじめからわからないときめつける人が多くなりつつある」、これは「読みの危機」（外山滋比古『「読み」の整理学』ちくま文庫）を招くと言うのである。「読みの危機」は批評の衰弱でもあると言う外山は、批評が栄えるには、「ことばを通じて経験しない世界をわかる想像力をきたえ、養う必要がある」（前掲書）とも語っている。

　テレビに支配される時代を通り越して、現在の私たちは、PCやスマホに自分のお気に入りを集めて浸ることを当然のように享受している。これは快適であるに違いない。〔　④　〕、自分の趣味嗜好に過不足なく合致した世界に、終日身を置くことが出来るのだから。いわば、掌に収まる機器に、カスタマイズした世界を所有しているのである。その世界に浸る快楽に身を委ねていて

は、そこから逸脱し、少しでも理解を超える事柄は、雑音と感じられるのも頷ける。分からないこと、難しいことへの忌避感を、現代の若い世代が強くもっているように見受けられるのは、そのせいではあるまいか。馴染んだ世界への執着が、そこには指摘できる。馴染んだ世界、そこに安住し、それ以外を遮断するのが心地よい過ごし方であるとしても、リアルな世界はその囲いの外にある。おとなになるとは、囲いの外でも生きていける力をもつことに他ならない。「未知のこと」（馴染んでいないもの）を恐れないこと、恐れずに踏みとどまること、そこから難解への耐性も培われるのではあるまいか。

　そもそも「分かる」のは、身の丈に合ってることでしかない。「分かる」から面白くても、そこに安住していては、成長はない。難しいと感じられることは、自分にとっての「未知」や範囲外、理解を超えることが含まれているからであり、そこにこそ、知力を鍛える機会があると言える。〔　⑤　〕難しい＝学びの機会なのである。

　〔　⑥　〕M.J.アドラーは、ドーレンとの共著のなかで、「良い本は難解である。むずかしいくらいの本でなくては、読者にとって良い本とは言えない。そういう本に向かって読者は背伸びをし、自分をそこまで引き上げなくてはならない。」（M.J.アドラー、C.V.ドーレン『本を読む本』講談社学術文庫）と述べている。意欲的な読者になるためには、読みながら質問を続けなければならないと言う。

　「一、全体として何に関する本か。」「二、何がどのように詳しく述べられているか。」「三、その本は全体として真実か、あるいはどの部分が真実か。」「四、それにはどんな意義があるのか。」（前掲書）——アドラーらは、書き込みをしながら著者との対話を続けることを勧めている。

　(a)〔　　　　　〕①〜⑥に当てはまる適切な接続詞（接続語）を、後ろの語群から選んで記号で答えなさい。
　(b)（a）で答えた接続詞（接続語）が、それぞれ文中でどのような働きをしているか、説明しなさい。

語群			
ア．また	イ．そこで	ウ．すなわち	エ．しかし
オ．まず	カ．たとえば	キ．そして	ク．なぜなら

> **問2　論説文（の一部）を持ち寄り、内容や論の展開について、グループやクラスで発表しよう。**

・発表時には、論説文のコピーなどを持参すること。
・各自で、論説文のテーマ、内容、それに対する自分の疑問・意見などをまとめなさい。

第2章　批評文・論説文を読む（2）

問1

(1) ①　　　　　　②　　　　　　③　　　　　　④

(2)
(a)　①
　　②
　　③
　　④
　　⑤
　　⑥

(b)　①
　　②
　　③
　　④
　　⑤
　　⑥

問2

コラム⑰

・・

「座右の銘」はやがて死語に？

　言葉は〈生き物〉です。時代を経て多くの人々に使われるうちに、変わって行きます。外来語や新語が増え、略語や流行語が市民権を得て定着することもあります。

　一方で、あまり用いられなくなる語が出てくるのも自然な現象でしょう。四字熟語や諺の類も、学校で習う文章で見かけることはあっても、日常生活のなかではあまり聞かない、使わないという若い世代の人たちもいるようです。教室で好きな故事成語を挙げてもらおうとしても、調べる前に思いつく人はそう多くはいません。

　ですが、皆さんも幅広く文章を読むうちには、四字熟語や諺などの慣用句を必ずどこかで目にすることでしょう。先人の世間知が詰まった言葉が、時と場合に適した用いられ方をすると、同じ言語を使う者同士で、通じ合う喜びが得られるものです。また、「一陽来復」、「禍福はあざなえる縄の如し」のように、試練・苦難の時に耐える力を養い、「乾坤一擲」、「背水の陣」のようにチャレンジに際して背中を押してくれるような言葉たちは、座右の銘にすると心強い道連れになってくれるものです。

　ここでは、誤って用いられることの多い語句を挙げて、その正しい意味を記します。「情けは人の為ならず」は、誰かに「情け」をかける（困っている時に助ける）と、その善行は巡り巡って、いつか自分に返ってくる、という意味です。誰かが困っている時に手を差し伸べることは、却ってその人のためにならない、という場合に用いるのは誤用です。とは言え、助ける人自らがこの語句を口にするのは、なんとも功利的で味気ないものです。誰かを助けている人を、第三者が励ます場合に使われるといいですね。

　なお、英語にも "A good deed is never lost." （善行が失われることはない）や、"Do good; thou doest it for thyself." （慈悲を施せ、それは汝自身のためになる）〈参考：『成語林』旺文社〉というような、似通った表現があります。

（辻本千鶴）

あとがき

　『大学生のための　実践・日本語練習帳』は、主として大学教育の初年度に使われるテキストを想定して作成されました。入学して間もない1回生を対象に、大学の学修に際して必要な日本語力の向上を目指したものです。1回生向けにプレゼンテーションの方法やレポートの書き方を指南するに止まらず、ゼミでの研究発表や卒業論文の執筆から、就職活動までを視野にいれて、アカデミック・リテラシーの獲得を目標にしています。これまでにある類書との相違は、オンライン（遠隔）授業への対応を想定して成っている点にあります。

　「第1部　日本語で考える」、「第2部　日本語で話す」、「第3部　日本語を書く」、「第4部　日本語で論じる」、「第5部　日本語を読む」から構成されていますが、これらの項目が相互に関連したものであることは言うまでもありません。「聞く」、「話す」、「読む」、「書く」は言語活動の柱であり、どの営みにも「考える」活動は付随します。かつての学校教育現場における言語教育では、どちらかというと「読む」・「書く」の方がより重視されていましたが、今日ではアクティブラーニングの導入などによって、学習者相互の「聞く」・「話す」能力の開発にも関心を寄せるものとなっています。本書を用いての学習によっても、総合的な日本語力及びコミュニケーション能力の向上を期待すると同時に、言語を通して物事を捉え、考える問題意識を養い、思考力と人間力を鍛える教育が実践されていくことに思いを致しています。

　わざわざ「対面」などという語を用いずとも、「授業」は「教室」で、受講生と「対面」して行うのが当然であったところから、2020年度を境に大学での授業も様変わりを余儀なくされました。この書はその現場で戸惑いながら「オンライン（遠隔）授業」に取り組んだ私たちの、試行錯誤と次年度以降への目論見から生まれました。よく評されるように、これを新たな取り組みへの、ひとつの足掛かりにしたいと考えています。

　最後になりましたが、本書の企画をご快諾下さり、出版までの運びにご尽力いただきました和泉書院の廣橋研三社長に、感謝申し上げます。

2021年3月

執筆者一同

執筆者紹介 （＊は編著者）

安達太郎＊（あだち　たろう）
大阪大学大学院博士後期課程修了。博士（文学）。京都橘大学教授。専門は日本語文法。『日本語疑問文における判断の諸相』（くろしお出版　1999年）など。
担当：第1部　第1章・第2章

権藤愛順（ごんどう　あいじゅん）
甲南大学大学院博士後期課程修了。甲南大学非常勤講師。専門は日本近代文学。「木下杢太郎『硝子問屋の情調表現』　主客融合と無意識」（『日本近代文学』　2016・5）など。
担当：第2部　第3章・第4章／第3部　第4章・第5章

多田泰紘＊（ただ　やすひろ）
北海道大学大学院博士後期課程修了。博士（理学）。京都橘大学専任講師。専門は大学教育、学習支援。『大学におけるライティング支援』（東信堂　2019年）など。
担当：第4部　第1章〜第5章

千々岩宏晃（ちぢいわ　ひろあき）
大阪大学大学院博士後期課程修了。博士（日本語・日本文化）。京都橘大学助教。専門は会話分析・日本語教育。「想起の心的述語「覚えてる？」の記述的検討」（『間谷論集』　2019・3）など。
担当：第2部　第1章・第2章

辻本千鶴＊（つじもと　ちづ）
立命館大学大学院博士後期課程修了。京都橘大学特任教授。専門は日本近代文学。「少女と老婆の往還―『ハウルの動く城』とソフィー」（『宮崎駿が描いた少女たち』　新典社　2018年）など。
担当：第5部　第1章・第2章

野村幸一郎＊（のむら　こういちろう）
立命館大学大学院博士後期課程修了。博士（文学）。京都橘大学教授。専門は日本近代文学・比較文化・映像文化。『小林秀雄　美的モデルネの行方』（和泉書院　2006年）など。
担当：第3部　第1章

古澤夕起子（ふるさわ　ゆきこ）
梅花女子大学大学院博士前期課程修了。同志社女子大学嘱託講師。専門は児童文学・日本近代文学。『与謝野晶子　童話の世界』（嵯峨野書院　2003年）など。
担当：第3部　第2章・第3章

大学生のための　実践・日本語練習帳 改訂版

2021年4月10日　初版第1刷発行
2024年2月20日　改訂版第1刷発行

編著者　安達太郎・多田泰紘・辻本千鶴・野村幸一郎
発行者　廣橋研三
発行所　和泉書院
大阪市天王寺区上之宮町7-6（〒543-0037）
電話 06-6771-1467／振替 00970-8-15043

印刷・製本　遊文舎

イラスト　八木咲子
ISBN978-4-7576-1087-3 C1081